Segunda Guerra Mundial

Una guía apasionante de la Segunda Guerra Mundial

© Copyright 2023

Todos los derechos reservados. Ninguna parte de este libro puede ser reproducida de ninguna forma sin el permiso escrito del autor. Los revisores pueden citar breves pasajes en las reseñas.

Descargo de responsabilidad: Ninguna parte de esta publicación puede ser reproducida o transmitida de ninguna forma o por ningún medio, mecánico o electrónico, incluyendo fotocopias o grabaciones, o por ningún sistema de almacenamiento y recuperación de información, o transmitida por correo electrónico sin permiso escrito del editor.

Si bien se ha hecho todo lo posible por verificar la información proporcionada en esta publicación, ni el autor ni el editor asumen responsabilidad alguna por los errores, omisiones o interpretaciones contrarias al tema aquí tratado.

Este libro es solo para fines de entretenimiento. Las opiniones expresadas son únicamente las del autor y no deben tomarse como instrucciones u órdenes de expertos. El lector es responsable de sus propias acciones.

La adhesión a todas las leyes y regulaciones aplicables, incluyendo las leyes internacionales, federales, estatales y locales que rigen la concesión de licencias profesionales, las prácticas comerciales, la publicidad y todos los demás aspectos de la realización de negocios en los EE. UU., Canadá, Reino Unido o cualquier otra jurisdicción es responsabilidad exclusiva del comprador o del lector.

Ni el autor ni el editor asumen responsabilidad alguna en nombre del comprador o lector de estos materiales. Cualquier desaire percibido de cualquier individuo u organización es puramente involuntario.

Tabla de contenidos

INTRODUCCIÓN 1
PRIMERA PARTE: LA GUERRA RESUMIDA (1939-1945) 2
    CAPÍTULO 1: INVASIÓN Y ATAQUE (1939-1941) 3
    CAPÍTULO 2: LA GUERRA SE EXTIENDE 1941-1943 21
    CAPÍTULO 3: EL CAMBIO DE RUMBO - RESISTENCIA Y
    RENDICIÓN 1943-1945 39
    CAPÍTULO 4: EL COSTO DE LA GUERRA 64
SEGUNDA PARTE: TEATROS DE GUERRA 88
    CAPÍTULO 5: LA GUERRA EN EL MAR 89
    CAPÍTULO 6: LA GUERRA EN TIERRA 104
    CAPÍTULO 7: LA GUERRA EN EL CIELO 113
    CAPÍTULO 8: LA GUERRA EN LOS MEDIOS DE COMUNICACIÓN 121
TERCERA PARTE: IDEOLOGÍA Y PARTICIPACIÓN 133
    CAPÍTULO 9: EL NAZISMO, HITLER Y LOS CAMPOS DE
    EXTERMINIO 135
    CAPÍTULO 10: EL FASCISMO Y MUSSOLINI 147
    CAPÍTULO 11: LA OLA ROJA DE STALIN 152
    CAPÍTULO 12: EL PAPEL DE ESTADOS UNIDOS 157
CUARTA PARTE: MOMENTOS CLAVE 170
    CAPÍTULO 13: BARBARROJA - CAUSAS Y CONSECUENCIAS 172
    CAPÍTULO 14: STALINGRADO - CAUSAS Y CONSECUENCIAS 175
    CAPÍTULO 15: DÍA DE LA VICTORIA 178

CAPÍTULO 16: COMPARACIÓN DE DOS MALES 183
CONCLUSIÓN 187
VEA MÁS LIBROS ESCRITOS POR ENTHRALLING HISTORY 189
FUENTES 190

Introducción

La mayoría de las veces, la Segunda Guerra Mundial se asocia con el Holocausto y Hitler.

Aunque esto no es *falso*, tampoco es tan sencillo. En la década de 1930, cuando Adolf Hitler llegó con el deseo de conquistar Europa, ya había muchos temas complejos en juego. El ascenso del nazismo y la toma del poder por Hitler en Europa sirvieron para crear la tormenta perfecta, desencadenando una cadena de acontecimientos que hoy se conoce como la Segunda Guerra Mundial.

Se han escrito cientos de miles de libros, artículos y revistas sobre la guerra, el Holocausto y cómo los acontecimientos de aquellos seis años críticos siguen influyendo en el mundo en que vivimos hoy. Con tanta información disponible, puede resultar difícil descifrar los puntos y acontecimientos importantes. El propósito de este libro es ofrecer un relato preciso, conciso y exhaustivo de los acontecimientos clave de la Segunda Guerra Mundial de una manera fácil de entender y amena.

El libro comenzará con un breve repaso de cómo menos de un cuarto de siglo después del final de un gran conflicto global, el mundo se vio envuelto en un segundo conflicto, quizás mucho más desastroso. También proporcionará una visión clara de los antecedentes para determinar qué condujo a la Segunda Guerra Mundial, así como un recorrido por los principales acontecimientos de la guerra.

Primera parte:
La guerra resumida (1939-1945)

Capítulo 1: Invasión y ataque (1939-1941)

Ya en 1931 se estaba gestando una crisis mundial. Por aquel entonces había rumores de inquietud y tensión en muchas partes de Asia y Europa. Estados Unidos se retiró completamente de los asuntos europeos, optando por una postura aislacionista.

Sin embargo, cuando se habla de la Segunda Guerra Mundial, a menudo se hace hincapié en el «ascenso y caída» de Hitler. Como tal, históricamente, se dice oficialmente que la Segunda Guerra Mundial comenzó con la invasión de Polonia por la Alemania nazi en 1939.

Para entender por qué la Alemania de Hitler invadió Polonia y por qué este acto arrastró a la contienda a la mayoría de los principales actores mundiales, tenemos que remontarnos a 1919, al final de la Primera Guerra Mundial.

Tras cuatro años de guerra, el 11 de noviembre de 1918, los alemanes y los países aliados firmaron un armisticio que puso fin oficialmente a la Primera Guerra Mundial.

Breve descripción de la Primera Guerra Mundial

La Primera Guerra Mundial, también conocida como la Gran Guerra, comenzó en 1914 con el asesinato del archiduque Francisco Fernando de Austria a manos del nacionalista serbio Gavrilo Princip. Con el apoyo del káiser alemán Guillermo II, se declaró la guerra a Serbia.

Serbia acudió a Rusia en busca de ayuda y, en menos de una semana, los principales actores europeos eligieron bando y se unieron a la guerra. La Gran Guerra se libró entre las Potencias Centrales (Austria-Hungría, Bulgaria, Alemania y el Imperio otomano) y las Potencias Aliadas (Francia, Rusia, Italia, Gran Bretaña, Canadá, Estados Unidos, Rumanía y Japón).

Los avances tecnológicos en armamento y el uso de gases venenosos condujeron a una guerra sin cuartel. La pérdida de vidas fue catastrófica. Más de dieciséis millones de civiles y soldados perdieron la vida.

En 1918, era evidente que las Potencias Centrales estaban perdiendo la guerra, y una a una comenzaron a rendirse; Alemania fue la última en quedar en pie. Cuando finalmente firmó el armisticio el 11 de noviembre de 1918, la Primera Guerra Mundial llegó oficialmente a su fin.

Una vez que se asentó el polvo, se hizo evidente lo impactantes que habían sido los acontecimientos de la guerra y el rastro de devastación que había dejado en todo el mundo. La carnicería fue tan horrible y devastadora que los Aliados estaban decididos a que algo así no volviera a ocurrir jamás.

La reconfiguración de Europa

Tras el fin de la guerra, cuatro de los imperios del mundo se derrumbaron. Como parte de las conversaciones de paz, los Aliados remodelaron Europa y se repartieron los territorios que formalmente pertenecían al Imperio ruso, al Imperio alemán, al Imperio otomano y al Imperio austrohúngaro. Se crearon países como Polonia, Checoslovaquia, Hungría, Lituania y Turquía, mientras que las colonias alemanas en el continente africano se repartieron entre los Aliados como parte de los «mandatos» de la Sociedad de Naciones.

El nuevo trazado del mapa europeo tendría consecuencias de gran alcance y desempeñaría un papel fundamental en la Segunda Guerra Mundial.

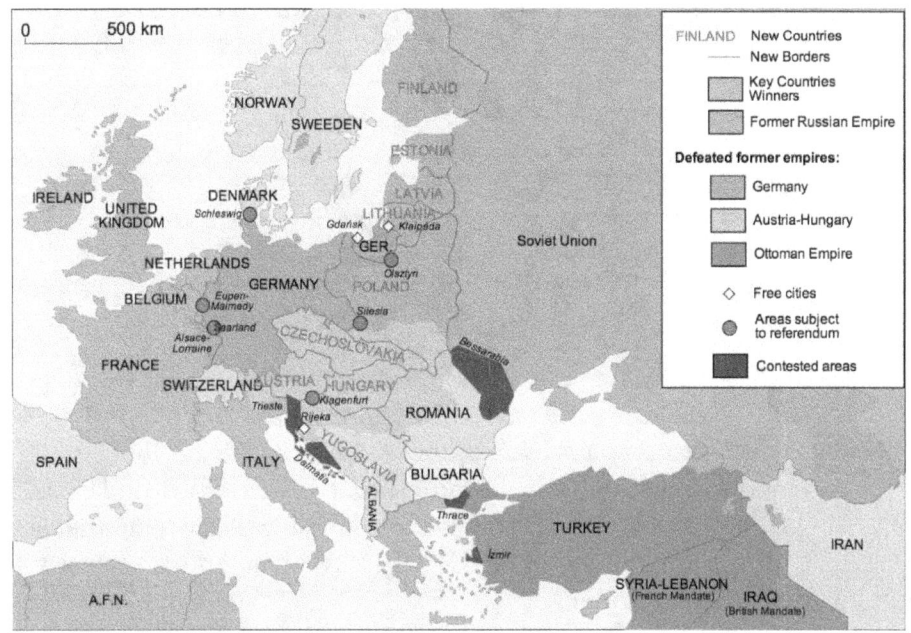

Mapa de Europa en 1923
Conferencia de Paz de París - Fluteflute; https://en.wikipedia.org/wiki/File:Map_Europe_1923-en.svg

En Asia también se produjeron divisiones: Japón se hizo con el control de la provincia de Shandong. Esto era inaceptable para China, ya que Shandong formaba parte de su territorio continental. China también se negó a firmar el Tratado de Versalles.

¿Qué era el Tratado de Versalles?

Cuando los líderes aliados se reunieron en 1919 en la Conferencia de Paz de París, decidieron que la Gran Guerra tenía que ser la «guerra para acabar con todas las guerras». Los líderes expresaron su intención de poner en marcha medidas para evitar una futura guerra mundial.

En junio de 1919, los líderes de Gran Bretaña, Estados Unidos y Francia, entre otras naciones, se reunieron en el Palacio de Versalles en París y firmaron el Tratado de Versalles.

Los cuatro grandes líderes en el Tratado de Versalles
https://commons.wikimedia.org/wiki/File:Big_four.jpg

El objetivo principal del tratado era esbozar los términos de la paz al final de la guerra. También fue diseñado para castigar y humillar a Alemania. El tratado culpaba directamente a Alemania de la guerra y le imponía numerosas sanciones.

Por ejemplo, Alemania tuvo que pagar indemnizaciones, renunciar a los territorios de los que se había apoderado y desmilitarizarse, lo que limitó sus fuerzas terrestres y navales (su fuerza aérea fue completamente disuelta). El tratado no intentaba comprender ni resolver los principales problemas o tensiones que habían conducido a la guerra. En su lugar, los Aliados esperaban que los severos castigos garantizaran la paz en toda Europa.

El Tratado de Versalles también sentó las bases para la creación de la Sociedad de Naciones. La sociedad fue idea de Woodrow Wilson, y su propósito era crear una organización internacional que mantuviera la paz mundial mediando y resolviendo cualquier conflicto antes de que se les fuera de las manos.

En teoría, la Sociedad de Naciones fue una gran idea, pero sufrió dificultades iniciales. Los países no siempre supieron dejar de lado sus propios intereses, y a algunos actores clave, como Alemania, se les prohibió unirse a la organización. La Sociedad de Naciones se disolvió durante la Segunda Guerra Mundial (una guerra que no había conseguido evitar) y acabó evolucionando hasta convertirse en lo que hoy conocemos como las Naciones Unidas.

Irónicamente, el Tratado de Versalles, precisamente diseñado para promover la paz en Europa, condujo indirectamente al inicio de la Segunda Guerra Mundial, ya que no se había abordado ni resuelto ninguno de los problemas que habían estado latentes durante tanto tiempo.

Los humillantes términos del tratado paralizaron la economía alemana y provocaron un creciente resentimiento entre los alemanes. Muchos lo vieron como un castigo más que como un intento de encontrar la paz y la armonía. Este malestar proporcionó a Hitler la plataforma ideal para recabar apoyos para el Partido Nazi y ascender al poder.

Causas de la Segunda Guerra Mundial

Anschluss

Mucho antes del comienzo de la Segunda Guerra Mundial ya había problemas en Europa. Una de las cuestiones en juego era el *Anschluss*. El término se refiere a la creación de una «Gran Alemania» en la que Austria y Alemania estarían unidas.

Tras el final de la Primera Guerra Mundial, la República de Austria Alemana quería unirse a Alemania, pero el Tratado de Versalles no se lo permitió. De hecho, algunos territorios austriacos, como los Sudetes, le fueron arrebatados.

Cuando Hitler, nacido en Austria, llegó al poder, soñaba con una Alemania unificada.

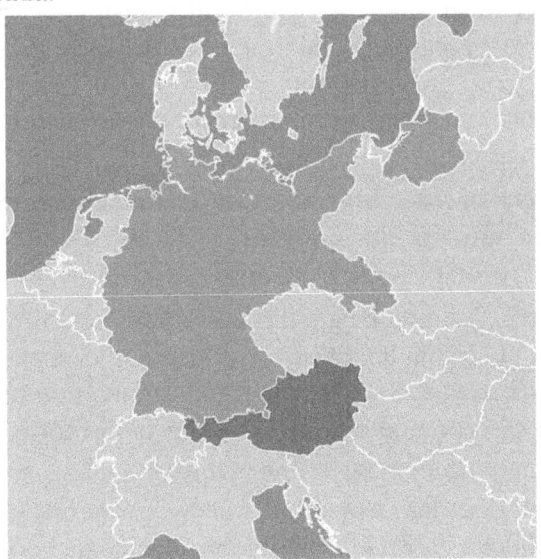

Mapa del Anschluss, marzo de 1938
Kramler, CC BY-SA 4.0 <https://creativecommons.org/licenses/by-sa/4.0>, vía Wikimedia Commons; https://commons.wikimedia.org/wiki/File:State_of_Austria_within_Germany_1938.png

En 1920, tras afiliarse al Partido Nacionalsocialista Obrero Alemán (NSDAP), Hitler subrayó la importancia de unificar a «todos los alemanes en la Gran Alemania sobre la base del derecho del pueblo a la autodeterminación»[1]. Este sentimiento y el deseo de unir Austria y Alemania fueron reiterados por Hitler en su libro *Mein Kampf* (Mi lucha).

Austria también había sufrido mucho tras la Primera Guerra Mundial debido a su inestable economía y a su elevada tasa de desempleo. La llegada de Hitler al poder y la propaganda nazi hicieron que el Partido Nazi austriaco ganara popularidad en el país. El deseo de unirse a Alemania también creció a medida que eslóganes como «Un pueblo, un imperio, un líder» ganaban fuerza y se extendían por toda la nación.

Si las cosas hubieran seguido así, es casi seguro que se habría producido el *Anschluss*. Sin embargo, los nazis austriacos empezaron a utilizar tácticas terroristas para atacar al gobierno austriaco. En julio de 1934 intentaron asestar un golpe de estado. El golpe fracasó y el poder fue tomado por un gobierno autoritario de derechas.

Mientras tanto, en la década de 1930, cuando Alemania empezaba a rearmarse, Austria se había convertido en una rica fuente de mano de obra y materias primas. Alemania necesitaba desesperadamente sus recursos. Cuando los nazis austriacos empezaron a hacer planes para un segundo golpe, el canciller austriaco Kurt von Schuschnigg concertó una reunión con Hitler. Quería asegurarse de que Austria siguiera siendo un país independiente. Pero, presionado por Hitler, acabó nombrando a nazis austriacos de alto rango en su gobierno y convocando una votación nacional para zanjar la cuestión del *Anschluss*.

Sin embargo, esto no fue suficiente para Hitler. Schuschnigg se enfrentó al ultimátum de una invasión y dimitió de su cargo el 11 de marzo de 1938. La votación nacional nunca tuvo lugar.

Antes de dimitir, Schuschnigg pidió ayuda a países como Francia, Italia y Gran Bretaña, pero nadie quiso interferir en el asunto. Durante su dimisión, Schuschnigg aconsejó al pueblo austriaco que no se defendiera de Alemania en caso de que esta avanzara hacia territorio austriaco. Poco después fue detenido por los nazis y hecho prisionero.

El 12 de marzo, las tropas alemanas entraron en una Austria enfervorizada. Hitler estableció un gobierno nazi y declaró el *Anschluss* el

---

[1] Hamann, Brigitte (2010). *Hitler's Vienna: A Portrait of the Tyrant as a Young Man*. Tauris Parke Paperbacks. p.107. ISBN 9781848852778.

13 de marzo. El país pasó a formar parte del Reich y Austria dejó de ser una nación independiente.

Mientras Hitler se anexionaba Austria, las demás potencias no hicieron nada, a pesar de que se trataba de una violación directa del Tratado de Versalles. Animado por su éxito, Hitler puso la mira en Checoslovaquia.

Invasión de las provincias checas

Pocos meses después de anexionarse Austria, el mundo tenía claro que el siguiente paso de Hitler sería ocupar Checoslovaquia.

Francia y Gran Bretaña habían prometido ayudar al país, pero no querían entrar en otra guerra. En su lugar, decidieron llegar a un compromiso con Alemania para mantener la paz.

Tras varias idas y venidas entre Francia, Alemania, Gran Bretaña e Italia, los Sudetes fueron entregados a Alemania en virtud del Acuerdo de Múnich. A cambio, Hitler se comprometió a no hacer la guerra en Europa. Checoslovaquia no fue consultada al respecto y se le dijo que podía aceptar la decisión o enfrentarse sola al ejército alemán.

Alemanes étnicos en los Sudetes saludan a las tropas alemanas con el saludo nazi
Bundesarchiv, Bild 146-1970-005-28 / CC-BY-SA 3.0, CC BY-SA 3.0 DE
<*https://creativecommons.org/licenses/by-sa/3.0/de/deed.en*>, *vía Wikimedia Commons;*
https://commons.wikimedia.org/wiki/File:Bundesarchiv_Bild_146-1970-005-28,_Anschluss_sudetendeutscher_Gebiete.jpg

Checoslovaquia no tuvo más remedio que aceptar. Gran Bretaña y Francia creían que habían evitado una crisis y evitado otra guerra. Se equivocaron. Ni siquiera seis meses después, el 15 de marzo de 1939,

Hitler violó los términos del Acuerdo de Múnich y envió sus tropas a Bohemia y Moravia, anexionando las provincias al Reich.

Una vez más, las potencias europeas no dijeron nada. Hicieron algunas leves protestas, pero la ruptura del Acuerdo de Múnich no tuvo repercusiones reales para Alemania.

Invasión de Polonia

El último sueño y objetivo de Hitler era crear un Imperio alemán unificado y conquistar Europa. Seis meses después de anexionarse el resto de Checoslovaquia y recibir poco más que un tirón de orejas, Hitler invadió Polonia el 1 de septiembre de 1939.

Polonia tenía un ejército débil, y Hitler sabía que, si actuaba con rapidez, podría hacerse fácilmente con el control del país. Supuso correctamente que ninguna de las potencias europeas intervendría a tiempo para detenerlo.

Cuando Hitler invadió Polonia, la Unión Soviética ya estaba de su lado. Las dos naciones habían llegado a un acuerdo secreto llamado Pacto Hitler-Stalin, Pacto Nazi-Soviético o Pacto Molotov-Ribbentrop (llamado así por los ministros de asuntos exteriores de los países que firmaron el pacto). En esencia, el pacto garantizaba que ningún país declararía la guerra al otro. También incluía algunas disposiciones secretas para repartirse entre ellos algunos de los países más pequeños, incluida Polonia.

Las tropas de Hitler invadieron Polonia poco después de la firma del pacto, y la Unión Soviética no protestó. En su lugar, Stalin comenzó a preparar sus propias tropas para invadir Polonia.

Y entonces los líderes mundiales empezaron a preocuparse un poco.

Blitzkrieg

Cuando Alemania invadió Polonia, el país hizo un valiente esfuerzo para resistir a las tropas de Hitler. Sin embargo, las fuerzas polacas, mal equipadas y mal preparadas, no pudieron hacer frente a la calculada estrategia alemana de bombardeo y *Blitzkrieg* (guerra relámpago). Un mes después de que las fuerzas alemanas avanzaran sobre Varsovia, el ejército polaco se rindió.

La estrategia *Blitzkrieg* era la forma en que Hitler pretendía ganar la guerra en Europa. Este enfoque significaba básicamente inmovilizar al enemigo lo más rápidamente posible por cualquier medio necesario. Para las tropas de Hitler, esto implicaba que la Luftwaffe (la fuerza aérea alemana) bombardeara implacablemente el país que estaban invadiendo para que las líneas de comunicación, las vías férreas, los puntos de referencia importantes, las oficinas y otras zonas clave quedaran completamente destruidas e inutilizadas.

Un bombardero en picado alemán
https://commons.wikimedia.org/wiki/File:Henschel_Hs_123_in_flight.jpg

Después de los bombardeos, los tanques y las tropas entraban en el país para apoderarse de todo lo que podían. El último paso era que la infantería llegara y realizara un barrido final, eliminando cualquier obstáculo que se encontrara en el camino.

Pocos días después de la invasión, se ordenó a las tropas que establecieran una base para controlar el país y reunir información. Las fuerzas de seguridad recibieron órdenes de deshacerse de cualquiera que se opusiera a la ideología nazi. También se crearon rápidamente campos de concentración.

En 1939, los nazis ya eran expertos en la creación de campos de concentración. El primero, Dachau, se había construido seis años antes, poco después de que Hitler se convirtiera en canciller de Alemania. Aunque ese campo se utilizó para prisioneros políticos, más tarde serviría de modelo para los demás campos de concentración que se construyeron durante el Holocausto, la mayoría de los cuales se construyeron con una finalidad muy diferente.

Los campos de concentración estaban gestionados por las SS (el Schutzstaffel o «Escuadrón de protección»). Un día después de que sus tropas invadieran Polonia, Hitler ya había organizado regimientos de las SS cuyo único propósito era infundir miedo y obediencia entre el pueblo polaco.

Mientras Alemania tomaba el control y se anexionaba Polonia oriental, Stalin enviaba sus tropas para anexionarse Polonia occidental.

Con la invasión de Polonia, Hitler finalmente se había excedido. Gran Bretaña y Francia, que habían hecho todo lo posible por mantenerse al margen de otro conflicto, declararon la guerra a Alemania el 3 de septiembre de 1939.

La Segunda Guerra Mundial había comenzado.

El comienzo del Holocausto

Cuando las fuerzas alemanas se apoderaron de Polonia, las ideologías y creencias nazis empezaron a imponerse casi de inmediato. Cientos de miles de polacos fueron expulsados, permitiendo que los alemanes étnicos se establecieran en sus hogares en su lugar, mientras que las políticas nazis comenzaron a introducirse.

El 23 de noviembre de 1939, el gobernador general nazi de Polonia decretó que los judíos debían llevar un brazalete blanco con una estrella de David azul. Esto ayudó a los nazis a identificar y separar a los judíos del resto de la población.

Un vendedor de brazaletes en el gueto de Varsovia
https://www.timesofisrael.com/new-book-dredges-up-warsaw-ghetto-police-who-sent-fellow-jews-to-their-deaths/

Los judíos también fueron reclutados para trabajar en los campos como esclavos. A medida que avanzaba la guerra y crecía el poder de Hitler, el destino del pueblo judío empeoraría mucho más. El Partido Nazi idearía la «solución final» para resolver el problema judío.

La conquista europea de Hitler: Una visión general

Después de Polonia, Hitler y sus tropas fueron como una máquina de guerra, barriendo rápidamente partes de Europa, e invadiendo y conquistando un país tras otro. Y siempre encontraron la victoria.

Polonia fue derrotada y ocupada en pocas semanas en septiembre de 1939. Al año siguiente, en abril de 1940, Hitler se apoderó de Dinamarca y Noruega con la misma facilidad. Un mes más tarde, Bélgica, Luxemburgo, los Países Bajos y Francia fueron ocupados por las fuerzas nazis.

Cuando Hitler intentó invadir Gran Bretaña, la armada británica protegió el canal de la Mancha mientras la Royal Air Force defendía los cielos. Las fuerzas alemanas de Hitler no pudieron derrotar a ninguna de las dos y tuvieron que dar marcha atrás.

Tras abandonar sus planes de invadir Gran Bretaña, Hitler puso sus miras en otra parte. En abril de 1941 tomó Yugoslavia y Grecia. Dos meses después, Hitler decidió repentinamente y sin provocación alguna atacar la Unión Soviética.

Este sería el principio del fin.

Pero antes de llegar a eso, echemos un vistazo más de cerca a algunas batallas y acontecimientos clave.

La batalla de Dunkerque

Pequeña ciudad costera del norte de Francia, cerca de la frontera franco-belga, Dunkerque había sido escenario de muchas batallas mucho antes de la invasión de las tropas de Hitler. Sin embargo, se asocia más con la Segunda Guerra Mundial y el papel fundamental que desempeñó en el esfuerzo bélico. La batalla de Dunkerque se libró durante menos de dos semanas y significó el fin de la «guerra falsa». Sería un punto de inflexión en la guerra para los Aliados.

Los siete meses entre septiembre de 1939 y abril de 1940, cuando Hitler se movía rápidamente por Europa acaparando países como trofeos sin apenas luchar, se conoce a menudo como la «guerra falsa». Aunque se había declarado la guerra, los combates no habían comenzado en serio.

Esto cambió en cuanto Hitler inició un ataque relámpago contra Bélgica, los Países Bajos y Luxemburgo. Sus fuerzas no tardaron en ocupar los tres países, y en un periodo de tres semanas, Hitler se había apoderado de los tres.

Francia esperaba ser invadida a continuación, por lo que estaba preparada. Sin embargo, Hitler no envió sus tropas a lo largo de la línea Maginot (una línea hecha por los franceses consistente en barreras de hormigón y fortificaciones), sino por el valle del Somme, cerca del canal de la Mancha.

Los franceses no se lo esperaban.

A medida que las fuerzas alemanas seguían avanzando, las fuerzas británicas y francesas retrocedían y quedaban atrapadas en la costa francesa. Pronto se hizo evidente para las fuerzas aliadas que tenían que evacuar Dunkerque, ya que no tenían ninguna esperanza de ganar contra las fuerzas alemanas.

Afortunadamente, Hitler ordenó a sus tropas que detuvieran el avance porque estaba preocupado por un contraataque de los aliados. Al detener a sus tropas, dio sin querer a las fuerzas británicas y francesas tiempo suficiente para prepararse para una evacuación.

Un par de días más tarde, cuando Hitler instó de nuevo a sus tropas a avanzar, los planes para la Operación Dinamo ya estaban en marcha. A pesar de los feroces bombardeos alemanes sobre las costas de Dunkerque, las fuerzas aliadas pudieron evacuar a más de 338.000 soldados.

Aproximadamente noventa mil soldados se quedaron atrás. No pudieron hacer retroceder la ofensiva alemana. Las fuerzas alemanas continuaron con su invasión relámpago. Dunkerque se rindió a las tropas alemanas el 4 de junio y el país se derrumbó el 22 de junio.

¿Por qué era Dunkerque tan importante para las fuerzas aliadas cuando habían sido derrotadas tan contundentemente? Aunque los Aliados no ganaron la batalla, se consideró un éxito y se la denominó el «milagro de Dunkerque» porque la gran mayoría de las tropas habían sido rescatadas.

Hitler creía que el ataque relámpago a Francia provocaría la retirada de Gran Bretaña de la guerra y le dejaría el camino libre para hacerse con el control de Europa. Sin embargo, esto no ocurrió.

La batalla de Dunkerque fue una victoria simbólica para los Aliados y reforzó su resolución, determinación y perseverancia para continuar el esfuerzo bélico.

La batalla de Gran Bretaña

Tras la caída de Francia, Hitler creyó que solo sería cuestión de semanas que se hiciera con el control de Gran Bretaña. De hecho, creía que la guerra había terminado y que había ganado. Sin embargo, como Gran Bretaña no se derrumbó ni se retiró de la guerra, sino que dejó muy claro que la guerra continuaría, Hitler empezó a reconsiderar sus opciones.

Pero antes de esta gran derrota, Hitler soñaba con una victoria rápida. El 16 de julio de 1940, Hitler declaró su intención de invadir el país y comenzó a prepararse para ello. La invasión recibió el nombre de Operación León Marino.

A pesar de todas las victorias y éxitos anteriores del ejército alemán en Europa, no estaba preparado para la invasión. Las fuerzas alemanas no habían recibido ningún tipo de entrenamiento, no disponían de suficientes aviones y tenían muy poca experiencia en cruzar un mar mientras libraban una guerra. Los almirantes alemanes pensaron que su mejor opción para una invasión exitosa sería atacar por los cielos.

Hermann Göring, uno de los líderes militares de mayor confianza de Hitler, confiaba en que la Luftwaffe podría enfrentarse a la Royal Air Force (RAF) mediante una ofensiva aérea. Decidieron que el objetivo sería simplemente desgastar las defensas aéreas del país y agotar sus recursos hasta que las fuerzas alemanas pudieran hacerse con el control.

El 10 de julio, los alemanes empezaron a bombardear puertos y convoyes. Esto continuó durante casi un mes hasta el 13 de agosto, cuando comenzó la ofensiva principal llamada «Ataque del Águila». Bases aéreas, fábricas y estaciones de radar fueron los objetivos. Alemania tenía más tropas y más cazas que Inglaterra. Pero los británicos tenían Chain Home, un sistema de radar muy superior. Chain Home permitía avisar con antelación de los ataques de la Luftwaffe, lo que permitía a las fuerzas británicas estar preparadas.

Gran Bretaña también tenía mejores aviones. Los bombarderos bimotores alemanes no tenían la capacidad de causar una destrucción total, y sus bombarderos en picado eran fáciles de derribar. Algunos de sus otros aviones no podían volar largas distancias. La RAF no tenía estos problemas.

La inferioridad en el equipamiento de los alemanes los llevó a perder casi la mitad de sus aviones al mes de invadir Gran Bretaña, mientras que los británicos solo perdieron alrededor de un tercio. Alemania también estaba llevando a cabo la invasión de forma incoherente y lanzando bombas en zonas civiles de Londres. Los alemanes dijeron que esto se había hecho accidentalmente, pero Gran Bretaña, no obstante, tomó represalias bombardeando Berlín, para furia de Hitler.

Tras el bombardeo de Berlín, Hitler ordenó a la Luftwaffe que comenzara a atacar otras ciudades. Durante casi dos meses, Londres fue objeto de ataques nocturnos. Pero Gran Bretaña resistió y, a mediados de septiembre, los bombarderos alemanes fueron derribados a un ritmo alarmante.

La RAF era tan mortífera y precisa que la Luftwaffe cambió de táctica y empezó a realizar sus ataques solo de noche. Estos ataques fueron conocidos como el *Blitz* y provocaron decenas de miles de muertes de civiles.

Las fuerzas alemanas no consiguieron grandes avances con estas incursiones. Fueron incapaces de dominar los cielos británicos, y rápidamente quedó claro para Hitler que estaba librando una batalla perdida.

A principios de septiembre, decidió reducir sus pérdidas y anunció que la invasión de Gran Bretaña se retrasaría unas semanas. En octubre, decidió detener la operación porque se acercaba el invierno.

Las tropas alemanas se retiraron y, al llegar la primavera, Hitler miraba a Rusia con renovado interés. Los planes de invadir Inglaterra pasaron a un segundo plano.

Tanto si Alemania quería admitirlo como si no, Gran Bretaña los había derrotado contundentemente.

Invasión de Rusia

Aunque Hitler había firmado un pacto de no agresión con Stalin antes de invadir Polonia, nunca tuvo intención de cumplirlo y solo lo consideraba una medida temporal mientras se centraba en otros asuntos. Deshacerse de la Unión Soviética comunista y expandir su imperio por Europa del Este habían sido durante mucho tiempo sueños anhelados por Hitler. De hecho, ya en la década de 1920, algunas de las principales ideologías nazis incluían la erradicación del comunismo y la apropiación de tierras en Rusia para la colonización alemana.

La invasión de la Unión Soviética recibió el nombre en clave de Operación Barbarroja. Fue una enorme operación militar en la que participaron más de 3.500.000 soldados. La orden de invasión se había planeado con mucha antelación y Hitler firmó la directiva en diciembre de 1940.

Al año siguiente, el 22 de junio de 1941, las tropas alemanas invadieron oficialmente Rusia.

La invasión cogió a Rusia completamente por sorpresa. Durante meses, los Aliados habían advertido a Rusia de que esto se les venía encima, pero no se lo creyeron. Hitler no tardó en destruir la fuerza aérea rusa, estacionada en tierra.

Una parte significativa del ejército soviético fue atrapada por las fuerzas alemanas y obligada a rendirse. Al ejército le siguieron los *Einsatzgruppen* (escuadrones de la muerte de las SS), cuya función era identificar amenazas, eliminarlas, reunir información y establecer redes de inteligencia.

Los *Einsatzgruppen* también eran conocidos como «escuadrones móviles de la muerte». Desempeñaron un papel clave en el exterminio de judíos. Los fusilamientos en masa fueron llevados a cabo por las unidades móviles de matanza. Cualquiera que fuera visto como una amenaza para la Alemania nazi era asesinado a tiros por las SS. Mientras se llevaban a cabo los asesinatos en masa, los nazis mataban de hambre deliberadamente a millones de ciudadanos, que finalmente morían a causa de los malos tratos.

La Unión Soviética empezó a ser utilizada como lugar para enviar a los judíos alemanes y acabó convirtiéndose en la «Solución final».

Aunque la Unión Soviética se vio abrumada inicialmente por la invasión de Hitler, el país no se derrumbó. A mediados de agosto de 1941 comenzaron a retroceder, por lo que la invasión no fue una victoria fácil.

Sin embargo, las fuerzas alemanas siguieron avanzando. En diciembre, finalmente habían llegado a las afueras de Moscú. Pero no estaban preparados para el invierno ruso. Hitler esperaba hacerse con el control total de la Unión Soviética en otoño y no había planeado con antelación los meses de frío. Como resultado, el ejército estaba exhausto, mal equipado y medio muerto de hambre. Cuando Rusia lanzó su contraataque, pudo expulsar fácilmente a los alemanes de Moscú.

El acto tripartito

Mientras Hitler se centraba en invadir los países europeos, Japón e Italia estaban ocupados librando guerras y firmando acuerdos en beneficio de sus intereses.

Varios años antes de invadir Polonia, el 25 de octubre de 1936, Alemania e Italia firmaron el Eje Roma-Berlín. En noviembre del mismo año, Japón firmó el Pacto Anticomunista y se unió a las potencias del Eje. Este pacto era básicamente anticomunista y también fue firmado por Italia en 1937. El pacto se vino abajo cuando Hitler y Stalin firmaron su pacto de no agresión en 1939 para que Alemania pudiera invadir Polonia sin la interferencia soviética.

En 1940, las potencias del Eje (Alemania, Italia y Japón) celebraron una reunión en Berlín con la intención de crear una alianza de defensa. Esto se convirtió en el Pacto Tripartito.

Según los términos del Pacto Tripartito, cada país tenía que «ayudarse mutuamente con todos los medios políticos, económicos y militares». El ataque tenía que ser por parte de una potencia «actualmente no involucrada en la guerra europea o en el conflicto sino-japonés».

Se redactó deliberadamente de esta manera para advertir a Estados Unidos que se mantuviera al margen de la guerra. Algunos otros países europeos, como Hungría, Croacia y Rumanía, firmarían también el pacto, pero la mayoría de ellos se vieron obligados o amenazados a hacerlo.

En su mayor parte, el Pacto Tripartito no sirvió para nada, ya que los países del Eje perseguían sus propios intereses y agendas. Solo se invocó una vez, después de que Japón bombardeara Pearl Harbor el 7 de diciembre de 1941.

Por qué Japón bombardeó Pearl Harbor

Japón atacó Estados Unidos en parte debido a las crecientes tensiones y en parte como medida preventiva. Mientras Europa estaba ocupada luchando entre sí, Japón trabajaba silenciosamente en la construcción de su propio imperio a principios del siglo XX.

Tras librar dos guerras con gran éxito y luchar en la Primera Guerra Mundial con los Aliados, Japón tenía ahora sueños mayores. El mayor reto para la expansión del país era la falta de recursos naturales.

La solución era sencilla: invadir Manchuria. La Sociedad de Naciones no vio con buenos ojos esta invasión de China, por lo que Japón se retiró de la liga.

Tras la invasión y captura de Manchuria y un altercado en el puente Marco Polo, cerca de Pekín, Japón y China se enzarzaron en la guerra sino-japonesa. Las fuerzas japonesas capturaron rápidamente Nanjing (Nankín). Durante seis semanas, cometieron asesinatos en masa y otras atrocidades contra los chinos que vivían allí.

Aunque Estados Unidos se había negado rotundamente a participar en más conflictos europeos, quería poner fin a estas atrocidades y frenar los planes de expansión mundial de Japón. Estados Unidos empezó a imponer sanciones económicas al país, incluidos embargos de petróleo y otros bienes.

Tras meses de negociaciones, Japón y Washington fueron incapaces de resolver sus disputas o aceptar las condiciones del otro. Estados Unidos mantuvo su decisión de continuar con las sanciones económicas, lo que Japón consideró inaceptable. Además, Japón estaba indignado por la intromisión de Estados Unidos en los asuntos asiáticos. Japón sabía que tenía que hacer algo para tomar represalias, sobre todo si quería ser tomado en serio como un actor importante.

Dado que EE. UU. tenía un ejército tan poderoso, Japón sabía que su única oportunidad de ganar sería tomar a EE. UU. por sorpresa. Se tomó la decisión de bombardear Pearl Harbor y destruir la flota estadounidense del Pacífico en Hawái. Se consideraba un objetivo fácil y Estados Unidos no esperaba un ataque allí. Japón esperaba que la acción preventiva impidiera que Estados Unidos se interpusiera en el camino de Japón en su avance por el sudeste asiático y otros territorios de ultramar. Los japoneses también esperaban negociar un tratado de paz una vez que tuvieran la sartén por el mango.

A primera hora de la mañana del domingo 7 de diciembre de 1941, a las 7:48 horas, los japoneses comenzaron a atacar la base estadounidense. Trescientos cincuenta y tres aviones imperiales japoneses fueron lanzados desde media docena de portaaviones en dos oleadas separadas.

Una foto del ataque a Pearl Harbor
https://commons.wikimedia.org/wiki/File:Pearl_harbour.png

Más de 180 aviones estadounidenses fueron destruidos, casi veinte barcos fueron destruidos o dañados, y miles de estadounidenses murieron o resultaron heridos.

Inicialmente, Japón creyó que su ataque había sido un éxito. Pero los japoneses no lograron destruir completamente la Flota del Pacífico, ya que no alcanzaron importantes emplazamientos de municiones, depósitos de petróleo y otras instalaciones. Además, ni un portaaviones estadounidense se encontraba en la base en el momento del ataque. En última instancia, el ataque cambió las tornas de la guerra.

El 8 de diciembre, Estados Unidos y Gran Bretaña declararon la guerra a Japón y entraron oficialmente en la contienda.

Entre el 11 y el 13 de diciembre, Alemania y sus socios del Eje declararon la guerra a Estados Unidos.

La «falsa guerra» había terminado. Las primeras etapas del avance de Hitler sobre Polonia y otros países europeos parecerían un juego de niños en comparación con el derramamiento de sangre y la violencia que estaban por llegar.

Con todas las grandes potencias del mundo declarándose la guerra, todo estaba decidido. El mundo volvía a encontrarse inmerso en el mismo tipo de conflicto global que los Aliados habían intentado evitar con tanto esfuerzo veinticinco años antes.

Capítulo 2: La guerra se extiende 1941-1943

Guerra en el Pacífico

El sueño de Hitler de conquistar Europa se convirtió en una guerra global cuando Japón y Estados Unidos entraron en escena. Japón estaba del lado del Eje, mientras que Estados Unidos se alineó con los Aliados.

Para entender cómo estos países llegaron a unirse a la guerra, tenemos que remontarnos a principios de la década de 1930, una época en la que ya había murmullos de descontento que se extendían silenciosamente por todo el mundo.

Los conflictos en Asia comenzaron años antes de la invasión de Polonia por Hitler. Comenzaron, en parte, porque Japón necesitaba materias primas como el combustible para mantener sus industrias en funcionamiento. Así, el 18 de septiembre de 1931, Japón invadió Mukden, una ciudad de la provincia china de Manchuria.

El ejército japonés avanzó despiadadamente y no fue rival para el ejército chino. El 21 de septiembre, con la ayuda de Corea, el ejército japonés empezó a tomar rápidamente el control de toda la provincia de Manchuria. En cuestión de tres meses, se podían encontrar tropas japonesas por toda la provincia. La ocupación de Manchuria continuó hasta 1945.

La resistencia de China fue mínima, ya que Chiang Kai-shek, líder militar y político chino, estaba ocupado persiguiendo su propio objetivo de hacerse con el control de China. Aconsejó al ejército que no opusiera resistencia y dejó el asunto en manos de la Sociedad de Naciones. La investigación de la sociedad concluyó que Japón se había comportado de forma agresiva, pero no impuso ninguna sanción al país. Japón tomó represalias y se retiró de la Sociedad de Naciones. En 1937, Japón atacó China, iniciando la segunda guerra sino-japonesa.

Segunda guerra sino-japonesa (1937-1945)

Cuando China finalmente comenzó a resistirse a la expansión japonesa organizando una resistencia a gran escala, estalló una guerra no declarada entre ambos países.

Históricamente, la guerra se divide en tres fases separadas:
1) La invasión japonesa de Manchuria y su rápida expansión de 1931 a 1938.
2) Estancamiento de 1938 a 1944.
3) Implicación de los Aliados durante la Segunda Guerra Mundial y rendición de Japón.

Cuando Estados Unidos empezó a imponer sanciones a Japón como forma de frenar sus planes de expansión, Japón trató de ganar ventaja atacando Pearl Harbor. Aunque hubo muchos factores en juego entre bastidores, Pearl Harbor condujo en última instancia a que ambos países entraran en la guerra mundial a mayor escala.

La Batalla de Midway (4 de junio de 1942 al 7 de junio de 1942)

Japón veía a Estados Unidos como un obstáculo en su camino hacia la expansión de su control sobre Asia Oriental. Los japoneses querían desesperadamente eliminar la influencia estadounidense del Pacífico. Al atacar Pearl Harbor, esperaban hacer precisamente eso. Con un rápido movimiento, Japón podría paralizar la base militar estadounidense y erigirse en la potencia dominante de la región.

Desgraciadamente, aunque Pearl Harbor fue una campaña exitosa para Japón, también provocó la entrada de Estados Unidos en la guerra.

Sin inmutarse, Japón continuó sus esfuerzos por reclamar el dominio del Pacífico. Esto condujo a la batalla del mar del Coral en mayo de 1942, en la que la Armada estadounidense los rechazó con contundencia.

Creyendo que se trataba de un revés menor, el comandante de la Armada japonesa estaba decidido a tener otro éxito como el de Pearl Harbor. Seis meses después de atacar Pearl Harbor, las fuerzas japonesas planeaban otro ataque sorpresa, esta vez contra la isla de Midway, situada entre los dos países. Los japoneses esperaban que esto destruyera el resto de la Armada estadounidense situada en el Pacífico.

Esperaban que fuera una victoria rápida y eficaz; por desgracia, se convertiría en el principio del fin de los objetivos de expansión de Japón.

Lo que Japón no sabía era que, a partir de 1942, los criptoanalistas de la marina estadounidense estaban descifrando en secreto el código JN-25b de la marina japonesa. Estaban al tanto de los mensajes y comunicaciones enviados por Japón y sabían de los planes de Japón de atacar un lugar que denominó «AF» en Estados Unidos.

Los criptoanalistas sospechaban que se trataba de la base de Midway, lo que se confirmó cuando los estadounidenses tendieron una trampa a Japón. Se envió un mensaje falso diciendo que Midway estaba «escaso de agua dulce»[2]. Japón envió un código diciendo que «AF estaba escaso de agua dulce». Al descifrar este código, la US Navy fue capaz de confirmar la ubicación. También estaban seguros de que el ataque se produciría el 4 o 5 de junio.

Como resultado de descifrar estos códigos, cuando los portaaviones japoneses se abalanzaron sobre Midway para comenzar su ataque, los EE. UU. estaban preparados. Las fuerzas de los portaaviones se ocultaron y, cuando los aviones japoneses volvieron para repostar y conseguir más armas, la US Navy atacó la flota y la destruyó.

Solo sobrevivió un portaaviones japonés: el *Hiryu*. Pudo tomar represalias y causar daños considerables a uno de los buques estadounidenses. Más tarde ese mismo día, un avión de reconocimiento encontró al *Hiryu* y lo atacó. El *Hiryu* ardió y acabó hundiéndose.

En los días siguientes estalló una guerra total entre ambos países, que continuaron atacándose sin tregua. Los japoneses sufrieron grandes pérdidas, perdiendo más de tres mil hombres, mientras que EE. UU. perdió algo menos de cuatrocientos hombres.

---

[2] "The Battle of Midway". https://www.nationalww2museum.org/war/articles/battle-midway.

Mikuma en Midway
https://commons.wikimedia.org/wiki/File:Japanese_heavy_cruiser_Mikuma_sinking_on_6_June_1942_(80-G-414422).jpg

Aunque solo duró unos días, la batalla de Midway desempeñó un papel muy importante en la guerra. Los EE. UU. salieron victoriosos y detuvieron los planes de Japón de expandir su control en el Pacífico, dejando a la potencia del Eje en una posición debilitada.

Orden 9066

Tras el ataque a Pearl Harbor, no era de extrañar que el sentimiento antijaponés fuera en aumento. Algunas de las mayores comunidades japonesas se encontraban en las proximidades de la costa del Pacífico, que era también donde se encontraban muchos activos de guerra estadounidenses. Estas comunidades y los japoneses-estadounidenses comenzaron a ser vistos con profunda sospecha y desconfianza por otros estadounidenses.

Los mandos militares se sentían nerviosos por tener al «enemigo» tan cerca y pidieron a Henry Stimson, secretario de Guerra, que hiciera algo al respecto. Henry Stimson se dirigió al presidente, Franklin Delano

Roosevelt (FDR), quien emitió la orden ejecutiva 9066.

Sin mencionar específicamente a los japoneses, el presidente Roosevelt emitió la orden ejecutiva el 19 de febrero de 1942, dando esencialmente carta blanca al secretario de Guerra para trasladar o evacuar a cualquier individuo o grupo de individuos que el gobierno considerara una amenaza para la seguridad nacional de Estados Unidos.

Aunque no se mencionaba a Japón, la directiva era clara. Bajo esta orden, los derechos de los japoneses-estadounidenses bajo la Quinta Enmienda fueron negados y revocados. No se los sometió a juicios ni se les concedió el debido proceso. No importaba si el individuo era ciudadano o estadounidense de nacimiento. Bastaba con ser descendiente de japoneses.

A los pocos días de emitirse la orden, más de 1.500 líderes de la comunidad japonesa fueron arrestados. El gobierno congeló los bienes de miles de personas nacidas en Japón. En el sur de California, los inmigrantes japoneses empezaron a ser obligados a abandonar sus hogares con tan solo unas pocas pertenencias.

Se emitieron proclamas estableciendo zonas militares, y se determinó que todos y cada uno de los individuos de origen japonés tendrían que abandonar California. La Autoridad de Reubicación de Guerra se creó con la firma de la orden ejecutiva 9102 el 18 de marzo de 1942. Se firmó para permitir que una agencia dirigida por civiles ayudara a trasladar a los inmigrantes.

Se crearon campos por todo el país para alojarlos. El primer grupo fue trasladado al Centro de reubicación de guerra de Manzanar, situado en el desierto de California. El centro consistía básicamente en una serie de barracones rodeados de alambre de púas. Estaba vigilado por tropas armadas y se convertiría en el hogar de los japoneses desplazados durante tres años.

En total, se crearon diez campos de internamiento y más de 120.000 estadounidenses de origen japonés fueron encarcelados en ellos.

A todos los efectos, se habían convertido en prisioneros y permanecieron en estos campos hasta el final de la guerra. Las vidas de muchas personas quedaron desarraigadas para siempre, mientras que otras perdieron todo aquello por lo que habían trabajado.

El 18 de diciembre de 1944, casi dos años después de la firma de la orden ejecutiva 9066, el Tribunal Supremo de Estados Unidos dictaminó que el gobierno no tenía derecho a detener a ningún ciudadano estadounidense sin causa justificada. La sentencia, aunque fue un paso positivo, no cambió la situación de los japoneses encarcelados de la noche a la mañana. El gobierno tardaría más de cuatro años en sacar a todos de los campos de internamiento.

Tres años después de que terminara la guerra, el presidente estadounidense Harry Truman firmó la Ley de Reclamaciones de Evacuación. Esta ley permitía a los japoneses estadounidenses que habían perdido sus propiedades y pertenencias durante la reubicación presentar reclamaciones.

Resulta profundamente inquietante que, mientras luchaba contra los nazis y las atrocidades que estaban cometiendo contra el pueblo judío, el gobierno estadounidense aprobara el internamiento de los estadounidenses de origen japonés. Algunas de las similitudes son difíciles de ignorar. De hecho, estos centros fueron denominados inicialmente «campos de concentración». Sin embargo, después de que se descubrieran los campos de concentración de Hitler, el término dejó de utilizarse en Estados Unidos. Lo que resulta igualmente chocante es que la orden tardaría más de tres décadas en ser totalmente anulada. Lo hizo formalmente el 16 de febrero de 1976 el presidente Gerald Ford.

La injusticia a la que se enfrentaron los japoneses-estadounidenses fue reconocida oficialmente en 1988, cuando el Congreso aprobó la Ley de Libertades Civiles. Se pagaron aproximadamente 1.600 millones de dólares en indemnizaciones a las víctimas o a sus familiares supervivientes.

La guerra se extiende a África

Abisinia (actual Etiopía)

La Segunda Guerra Mundial llegó incluso a África. Mientras Hitler se movía por Europa con sus planes de expansión, Benito Mussolini, el dictador fascista de Italia, consideraba sus próximos pasos con la vista puesta en África.

Mussolini decidió expandir su imperio en África e impulsar la imagen de Italia. En 1895, Italia había intentado sin éxito invadir y ocupar Abisinia (la actual Etiopía), así que Mussolini quería intentarlo de nuevo, planeando añadirla a los territorios de África Oriental que ya estaban bajo control italiano.

En octubre de 1935, Mussolini atacó Abisinia, desencadenando un conflicto en el norte de África y llevando finalmente a África a la Segunda Guerra Mundial. Aunque la Sociedad de Naciones reprendió sus acciones, no se impusieron sanciones ni penas significativas. Mussolini había previsto esta reacción y continuó con la invasión. En junio del año siguiente, la capital de Addis Abeba había sido capturada por Italia y el gobernante italiano fue nombrado rey de Abisinia.

La Sociedad de Naciones siguió sin hacer nada, salvo algunas protestas. Mientras tanto, Italia siguió controlando y ocupando Abisinia hasta 1941, cuando las tropas británicas y sudafricanas liberaron el país mientras luchaban en la Segunda Guerra Mundial.

Primera batalla de El-Alamein (1-27 de julio de 1942)

Otro país africano implicado en la Segunda Guerra Mundial fue Egipto.

Egipto se vio involucrado en 1940 cuando Italia decidió invadir una de sus colonias, Libia. Italia no tuvo éxito en su invasión; sin embargo, fue salvada de la derrota por su aliado, Alemania.

Un oficial alemán llamado Erwin Rommel fue el encargado de dirigir el Afrika Korps de Alemania durante la guerra.

Una foto de Erwin Rommel
Bundesarchiv, Bild 146-1985-013-07 / CC-BY-SA 3.0, CC BY-SA 3.0 DE <https://creativecommons.org/licenses/by-sa/3.0/de/deed.en>, vía Wikimedia Commons; https://commons.wikimedia.org/wiki/File:Bundesarchiv_Bild_146-1985-013-07,_Erwin_Rommel.jpg

El Afrika Korps fue creado por Hitler en enero de 1941 para ayudar a Mussolini a mantener el control de los territorios que había ganado en el norte de África. Según Hitler, Alemania tenía que proporcionar apoyo a Italia por «razones estratégicas, políticas y psicológicas»[3].

El ejército británico ya estaba librando varias batallas y escaramuzas con el Real Ejército Italiano en Egipto y, en cuestión de meses, las tropas italianas habían sido expulsadas del país en su mayor parte.

Así que, para ayudar a su amigo y aliado, Hitler ordenó al general Rommel que fuera a Libia y se hiciera cargo de la situación. Desgraciadamente, tomar el control resultó más difícil de lo previsto. Rommel se encontró con la resistencia de las tropas italianas, a las que no les gustaba recibir órdenes de un oficial alemán. También les costó adaptarse al clima. En resumen, no estaban tan organizados ni tan preparados como deberían.

Mientras Rommel estaba en Libia, las fuerzas británicas lo empujaron a una posición defensiva. Sin embargo, esto duró poco.

La apuesta de Hitler al principio dio resultado, y las fuerzas del Eje, bajo el liderazgo de Rommel, pudieron reconquistar Libia. A principios de 1942, las tropas del Eje derrotaron a las británicas en Gazala y tomaron Tobruk. Utilizando las divisiones Panzer, Rommel obligó a los británicos a retirarse a Egipto.

La primera batalla de El-Alamein tendría lugar entre el 1 y el 27 de julio de 1942. La llegada de Rommel salvó a las tropas italianas de la derrota total, y las potencias del Eje se sintieron seguras de su victoria. La base naval británica, situada en Alejandría (Egipto), estaba a solo sesenta millas de distancia, y no dudaban de que podrían capturarla. Mussolini y Hitler pensaban que solo era cuestión de tiempo que Egipto pasara a formar parte de su imperio.

Sin embargo, las tropas británicas recibieron suministros de Estados Unidos y tropas de Sudáfrica, India y Nueva Zelanda, con lo que las potencias del Eje no consiguieron su esperada victoria. En su lugar, la primera batalla de El-Alamein resultó en un punto muerto, con el Eje una vez más a la defensiva.

---

[3] "German General Rommel Arrives in Africa". https://www.history.com/this-day-in-history/rommel-in-africa.

La segunda batalla de El-Alamein (23 de octubre - 11 de noviembre de 1942)

Los Aliados estaban decididos a poner fin a las ambiciones del Eje en Oriente Próximo. Se tomaron el verano para reagruparse y planificar bajo el mando del recién nombrado teniente general Bernard Montgomery.

Una foto de Bernard Montgomery
https://commons.wikimedia.org/wiki/File:Bernard_Law_Montgomery.jpg

El primer ministro británico Winston Churchill quería que la batalla se librara inmediatamente. Sin embargo, el general Montgomery quería ir despacio y con calma, asegurándose de que sus tropas estuvieran preparadas adecuadamente, tanto física como mentalmente.

Montgomery tenía 190.000 hombres a sus órdenes. Estos hombres procedían de lugares como Grecia, Francia, Polonia y las colonias británicas, por nombrar algunos. Quería asegurarse de que todos recibían el entrenamiento adecuado y contaban con todo el equipo y los refuerzos necesarios.

A finales de octubre, Montgomery se sentía confiado y listo para partir. Había entrenado a una fuerza aliada poderosa y capaz, y ahora estaba ansioso por enfrentarse al brillante e infame Erwin Rommel, que se ganó el apodo de «Zorro del Desierto» por sus hábiles y astutas tácticas en el campo de batalla.

Tres meses después de que la primera batalla de El-Alamein terminara en tablas, comenzó la segunda. El 23 de octubre de 1942, las fuerzas aliadas desencadenaron descargas de artillería.

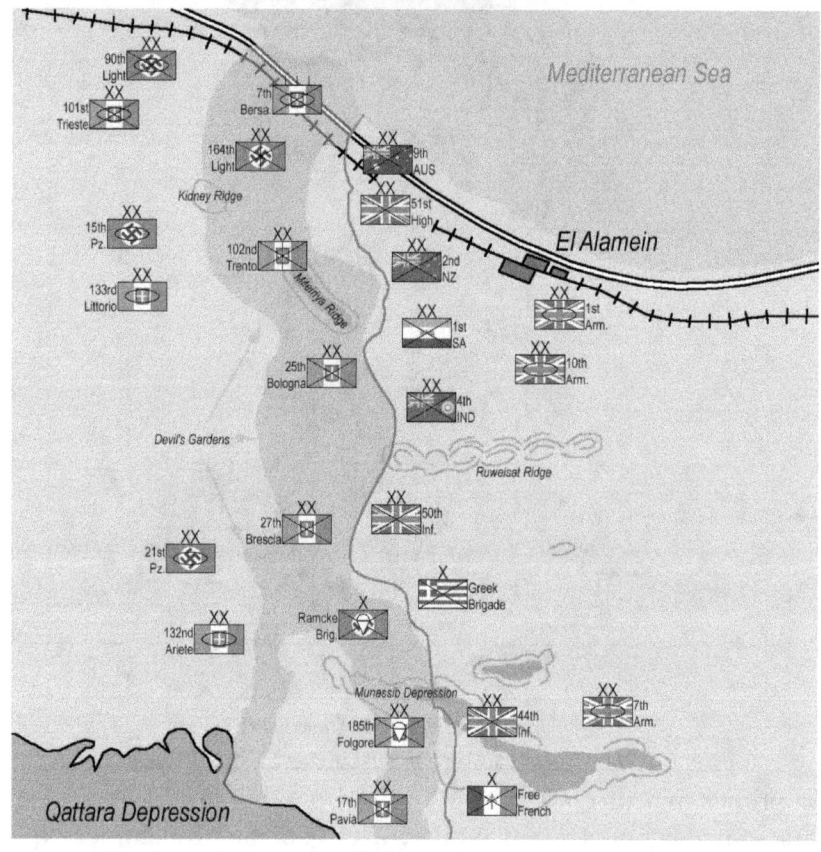

Despliegue de fuerzas antes del comienzo de la segunda batalla
Noclador, CC BY-SA 3.0 <http://creativecommons.org/licenses/by-sa/3.0/>, vía Wikimedia Commons; https://commons.wikimedia.org/wiki/File:2_Battle_of_El_Alamein_001.png

La primera fase de la batalla se llamó Operación Lightfoot, y comenzó con la creación de dos canales a través de campos de minas. Las fuerzas aliadas utilizaron estos canales para avanzar sobre las fuerzas del Eje y comenzar a combatirlas en un asalto implacable.

Aunque las fuerzas aliadas fueron capaces de resistir con éxito los contraataques de las fuerzas del Eje, se encontraron con algunos problemas cuando los tanques se quedaron atascados en los corredores de los campos de minas. Pero las tropas aliadas resistieron, y el ataque final se lanzó una semana después del comienzo de la batalla, el 1 de noviembre.

El 2 de noviembre, Rommel le dijo a Hitler que había perdido la batalla. El 4 de noviembre, las tropas del Eje se retiraron. En poco más de diez días, la batalla había terminado. Se había saldado con una estrepitosa derrota de las tropas italianas y alemanas.

La segunda batalla de El-Alamein sería decisiva. De hecho, la batalla se considera históricamente como el clímax de lo que estaba ocurriendo en el norte de África entre el Eje y los Aliados. Fue una victoria muy clara y definitiva para los Aliados. Tras años de reveses y derrotas en el campo de batalla, por fin habían encontrado el rumbo.

Simbólicamente, la batalla marcaría el principio del fin de las potencias del Eje. Supuso una gran inyección de moral para los Aliados y fue muy celebrada. La reputación de Montgomery también quedó firmemente cimentada tras esta victoria, algo de lo que sacó mucho provecho.

La Conferencia del Atlántico (14 de agosto de 1941)

Mientras se libraban estas batallas por Europa y el norte de África, Estados Unidos seguía manteniéndose al margen de la guerra, prefiriendo mantener una postura neutral.

Aunque públicamente no se cuestionaba de qué lado estaba Estados Unidos en la guerra, el país era reacio a entrar formalmente en ella. El pueblo estadounidense estaba firmemente en contra de involucrarse en algo que consideraban un «problema europeo». Este era un sentimiento que Franklin Delano Roosevelt esperaba cambiar con la Carta del Atlántico.

Los días 9 y 10 de agosto de 1941, el primer ministro británico Winston Churchill y el presidente estadounidense Franklin D. Roosevelt se reunieron en un buque de guerra estadounidense llamado *Augusta*, que estaba atracado en la bahía de Placentia, frente a la costa de Terranova, Canadá. Durante varios días hablaron de lo que querían e imaginaban para un mundo de posguerra.

Roosevelt y Churchill en el puente del HMS *Prince of Wales* durante la conferencia
https://commons.wikimedia.org/wiki/File:President_Roosevelt_and_Winston_Churchill_seated_on_the_quarterdeck_of_HMS_PRINCE_OF_WALES_for_a_Sunday_service_during_the_Atlantic_Conference,_10_August_1941._A4816.jpg

Uno de los principales objetivos de Churchill al asistir a estas reuniones era convencer a Estados Unidos para que se uniera al esfuerzo bélico o, como mínimo, aumentara la ayuda y el apoyo al Reino Unido. Roosevelt esperaba lo mismo. Esperaba que la opinión pública comprendiera por qué era importante que Estados Unidos entrara en la guerra y ayudara a los Aliados.

Para decepción de ambos líderes, las reuniones de la Carta del Atlántico no desembocaron en una declaración formal de guerra por parte de Estados Unidos. El pueblo estadounidense aún no apoyaba la medida, y FDR era reacio a declarar la guerra sin un mayor apoyo. Estados Unidos se uniría a la guerra, pero eso no ocurriría hasta unos meses más tarde con el ataque de Japón a Pearl Harbor. Sin embargo, incluso sin unirse formalmente a la guerra, EE. UU. ya tenía la vista puesta en el futuro y en cómo sería el mundo una vez finalizada la contienda.

Algunas naciones aliadas dudaban de que Hitler fuera derrotado. Estados Unidos y el Reino Unido querían estar preparados para el mundo de la posguerra, haciendo especial hincapié en la paz mundial. Lo que sí hizo la Carta del Atlántico fue presentar un frente unido al mundo, algo que las potencias del Eje no vieron con buenos ojos.

Tras la reunión de Roosevelt y Churchill, ambos hicieron pública una declaración conjunta el 14 de agosto de 1941. La declaración se llamó Carta del Atlántico, y esta política fundamental proporcionó una visión general de lo que esperaban conseguir de esta guerra.

La Carta del Atlántico
https://www.pc.gc.ca/apps/dfhd/page_nhs_eng.aspx?id=1042

En la carta se destacaban ocho puntos. Son los siguientes:
1) EE. UU. o el Reino Unido no tratarían de obtener territorios adicionales ni de engrandecerse.
2) No se podría realizar ningún cambio o ajuste en los territorios sin el consentimiento de los ciudadanos y los pueblos que vivieran en la tierra en cuestión.
3) La autodeterminación de las naciones, es decir, el derecho de cada persona a elegir el tipo de gobierno que desee, sería respetada por el Reino Unido y Estados Unidos.
4) El Reino Unido y Estados Unidos ayudarían a los países a acceder en igualdad de condiciones a las materias primas y al comercio.
5) Fomentar la colaboración mundial para mejorar el progreso económico entre todos los países, promover la seguridad y mantener un nivel laboral similar.
6) Destruir a los nazis y estudiar cómo todos los países y sus ciudadanos podrían vivir en paz.
7) Esta paz debería incluir también la paz en los mares para que los barcos pudieran viajar sin miedo a ser atacados.
8) Cualquier país etiquetado como potencial agresor debía ser tratado y desarmado.

El documento y los ocho puntos fueron aprobados por los países aliados.

La Carta del Atlántico fue una pieza legislativa importante, ya que más tarde (el 1 de enero de 1942) sería firmada por los países como la Declaración de las Naciones Unidas. Se convirtió en la base de lo que hoy conocemos como Naciones Unidas.

Además de sentar las bases de las Naciones Unidas, la Carta del Atlántico también influyó mucho en la lucha de posguerra por la independencia de muchas colonias e inspiró acuerdos internacionales, como el Acuerdo General sobre Aranceles Aduaneros y Comercio (GATT).

Asedio de Leningrado (8 de septiembre de 1941- 27 de enero de 1944)

Cuando se habla de la Segunda Guerra Mundial, a menudo se hace hincapié en el Holocausto y en la difícil situación de la población judía, pero a menudo se olvidan las atrocidades que sufrieron los soviéticos a manos de los ejércitos de Hitler.

Uno de los acontecimientos más sorprendentes de la guerra —aunque quizás no debería haber sido sorprendente— fue la decisión de Hitler de lanzar la Operación Barbarroja. Este era el nombre en clave de la invasión de Hitler de la Unión Soviética, que, como se sabe, era aliada de Alemania.

El 22 de junio de 1941, el Grupo de Ejércitos Norte de Alemania, formado por más de tres millones de soldados, invadió la Unión Soviética y comenzó a atacar. La invasión puso fin al pacto de no agresión que Hitler había firmado con Stalin unos años antes, en 1939.

Los historiadores creen que Hitler siempre había tenido la intención de invadir la Unión Soviética y que el pacto firmado había sido simplemente un mecanismo dilatorio.

Hitler deseaba capturar Leningrado por razones estratégicas. Como antigua capital de Rusia, Leningrado era políticamente simbólica. Con más de seiscientas fábricas, incluidas las de armamento, el potencial industrial de Leningrado era enorme. Además, la ciudad desempeñaba un papel muy importante como base de la marina soviética a lo largo del mar Báltico.

En cuestión de semanas, el Ejército Rojo fue derrotado, lo que condujo al inicio del largo e infame sitio de Leningrado (actual San Petersburgo).

Cuando las fuerzas del Eje entraron por primera vez en la Unión Soviética, su principal objetivo era Leningrado. El plan consistía en rodearla con la ayuda de los aliados finlandeses. Los dos ejércitos trabajaron eficaz y metódicamente. La ciudad de Chúdovo fue alcanzada el 20 de agosto, mientras que Tallin fue tomada ocho días más tarde. Las conexiones ferroviarias se cortaron cada vez que fue necesario.

Mientras los alemanes atacaban Leningrado desde el sur, las fuerzas finlandesas invadían desde el norte. Su objetivo era rodear Leningrado y aislarla completamente del resto de la Unión Soviética.

El 31 de agosto, los alemanes habían tomado la ciudad de Mga. Shlisselburg fue capturada una semana después. Mga tenía la última conexión ferroviaria con Leningrado, mientras que Shlisselburg tenía la última carretera abierta a Leningrado. Ambas conexiones fueron cortadas rápidamente por las tropas alemanas cuando tomaron las ciudades.

Después de eso, la única conexión de Leningrado con el resto del mundo era a través de una ruta fluvial cerca del lago Ládoga. Los soviéticos utilizaban esta ruta para introducir en la ciudad los alimentos, suministros y combustible que encontraban a su alcance. Los incesantes bombardeos de la Luftwaffe sobre Leningrado mataron e hirieron a más de cincuenta mil civiles.

A finales de septiembre, Hitler había decidido que su ejército se establecería en Leningrado. Pero, ¿qué iba a hacer con la gente dentro de la ciudad? La rendición no era una opción, y ordenó que todas las peticiones de ese tipo debían ser denegadas. Aceptar la rendición de la población significaría tener que garantizar su paso seguro a otra ciudad, mantenerlos a salvo de cualquier daño o, peor aún, alimentarlos. La falta de alimentos era un problema importante al que se enfrentaban tanto los alemanes como la población de Leningrado. Además, podía salvar a sus hombres matando de hambre a una población que consideraba «indeseable».

Hitler no tenía ningún deseo ni interés en tratar con los ciudadanos de Leningrado. Inicialmente, quería arrasar la ciudad. En un memorándum, declaró su deseo de «*...rodear la ciudad y arrasarla mediante bombardeos de artillería*»[4]. Sin embargo, la lucha fue más dura de lo que había previsto. Decidió que la mejor manera de hacer frente a la población de Leningrado era simplemente esperar a que murieran de hambre.

Durante el invierno de 1941/42, conocido como el «invierno hambriento» en Leningrado, el deseo de Hitler comenzó a hacerse realidad. Se calcula que aproximadamente cien mil personas murieron de hambre *al mes*, y la mayoría de las muertes se produjeron durante el primer invierno. La falta de alimentos había llegado a ser tan extrema que la gente comía cualquier cosa que pudiera considerarse comestible, incluso vaselina y animales. También aumentaron los casos de canibalismo.

Además de la escasez de alimentos, los habitantes de Leningrado también tuvieron que hacer frente al frío extremo. A principios de 1942, los soviéticos consiguieron sacar de Leningrado a casi medio millón de civiles a través de la ruta fluvial del lago Ládoga.

Una vez pasado el invierno, Leningrado se centró en sobrevivir y desafiar a los alemanes de cualquier forma posible. La comida y los suministros siguieron siendo un problema; sin embargo, la gente se unió para intentar limpiar la ciudad e incluso plantaron jardines. Cuando Dimitri Shostakovich interpretó una sinfonía que había escrito al

---

[4] "The Siege of Leningrad"..

comienzo del asedio, Leningrado actuó como anfitrión. El concierto pudo oírse en todo Leningrado a través de altavoces, que se colocaron desafiantes hacia los campos alemanes.

Desde el comienzo del asedio, el Ejército Rojo había intentado en numerosas ocasiones romper el bloqueo alemán. Cada intento había sido infructuoso y había provocado la pérdida de muchas vidas. A principios de 1943, sin embargo, las cosas empezaron a mejorar para Leningrado.

A principios de año, el Ejército Rojo saboreó una pequeña victoria cuando consiguió arrebatar un puente terrestre a las tropas alemanas. El puente se utilizó para construir un ferrocarril especial y, cuando 1943 llegó a su fin, millones de toneladas de alimentos y otros artículos de primera necesidad habían llegado a Leningrado. Las fábricas funcionaban muy bien y producían toneladas de municiones y armas.

Aunque Alemania seguía bombardeando la ciudad, Leningrado se sentía más positiva. La ciudad estaba decidida a contraatacar y recuperar lo que era suyo.

Solo un par de meses después, a principios de 1944, las tornas habían cambiado definitivamente. Cada vez estaba más claro que las potencias del Eje estaban librando una batalla perdida.

El Ejército Rojo logró movilizar a más de un millón de hombres y lanzó una ofensiva contra las tropas alemanas, obligándolas a retirarse. El Grupo de Ejércitos Norte de Hitler pronto tuvo que seguir su ejemplo. Ochocientos setenta y dos días después del asedio, Leningrado era por fin libre.

Pero el precio de la libertad había sido muy alto.

Se estima que aproximadamente 800.000 civiles murieron durante el asedio, y algunas cifras superan el millón. El sitio de Leningrado es uno de los bloqueos más largos de la historia. Debido al número de muertes, algunos dicen que fue uno de los asedios más mortíferos. De hecho, algunos historiadores sostienen que si tenemos en cuenta las atrocidades que ocurrieron durante el asedio y el número de vidas perdidas, el asedio debería clasificarse como genocidio.

Debido a la fuerte censura de la Unión Soviética, es posible que nunca se conozca el verdadero alcance de lo que ocurrió durante el asedio. Aunque muchos detalles se hicieron públicos tras el final de la Guerra Fría, aún queda mucho por saber.

La batalla de Stalingrado (23 de agosto de 1942-2 de febrero de 1943)

Mientras Leningrado estaba sitiada y completamente aislada del resto de Rusia, el Ejército Rojo continuaba su lucha en otras partes del país.

Pese a que los alemanes seguían invadiendo la Unión Soviética, las tropas rusas lograron impedir que se apoderaran de Stalingrado. Al igual que Leningrado, Stalingrado era una ciudad industrial y habría supuesto una gran ventaja para Hitler y su ejército si hubieran logrado capturarla.

Por desgracia para los alemanes, fracasaron.

La batalla de Stalingrado fue un gran éxito, y muchos coinciden en que fue una de las mayores batallas libradas durante la guerra.

Durante la batalla, las tropas rusas detuvieron el avance de los alemanes. En una guerra marcada por varias victorias significativas que hicieron historia, esta fue una de ellas. El resultado de la batalla ayudó a cambiar las tornas de la guerra contra las potencias del Eje.

La batalla de Stalingrado se tratará con más detalle en el próximo capítulo, donde examinaremos cómo, tras una serie de derrotas, la guerra cambió repentinamente a favor de los Aliados.

Cuando analizamos algunos de los acontecimientos clave que tuvieron lugar entre 1941 y 1943, queda claro que fue un periodo muy estresante. A los dos años de la invasión de Polonia, Hitler y sus nazis se habían convertido en un problema mundial. Los altercados, las tensiones existentes y las ambiciones de los líderes políticos de crear imperios llegaron a su punto álgido durante este tiempo y convirtieron una escaramuza europea en una guerra mundial.

El periodo comprendido entre 1941 y 1943 fue especialmente angustioso, ya que nadie tenía forma de predecir el rumbo que tomaría la guerra. A menudo parecía que la victoria de Hitler y sus aliados estaba asegurada. Si hubiera ganado algunas de estas batallas clave, ¿dónde estaríamos hoy?

Capítulo 3: El cambio de rumbo - Resistencia y rendición 1943-1945

El periodo entre 1941 y 1943 estuvo plagado de ansiedad para los Aliados, pero cuando las fuerzas aliadas dieron la vuelta a la situación magistralmente, fue como un efecto dominó. Cuando un enemigo era derrotado, rápidamente le seguía otro.

Los Aliados ganaban batalla tras batalla, saboreando la victoria en casi cada esquina.

Uno de los principales puntos de inflexión de la guerra para los Aliados fue la caída del régimen italiano y la dimisión de Benito Mussolini. Derribar este régimen fascista fue una victoria significativa y dejó a Alemania en una posición más débil.

Benito Mussolini

Mucho antes de que Hitler entrara en escena, el fascismo ya existía en Europa. Desde 1925, Italia estaba gobernada por un dictador fascista llamado Benito Mussolini, también conocido como *il Duce*.

Una fotografía de Benito Mussolini
https://commons.wikimedia.org/wiki/File:Duce_Benito_Mussolini.jpg

Hitler admiraba mucho a Mussolini. Muchas ideologías nazis se basaban en las ideologías fascistas de Mussolini. Este, por su parte, ayudó al Partido Nazi proporcionándole ayuda financiera y permitiendo que las tropas nazis se entrenaran con su escuadrón de soldados, los «camisas negras».

Ambos países y líderes tenían mucho en común y eran aliados militares. Sin embargo, su relación no siempre fue la más sólida.

Aunque Mussolini aplaudió públicamente el ascenso al poder de Hitler a principios de la década de 1930, no le tenía en gran estima e incluso expresó su desaprobación por las ideas y creencias de Hitler. Si bien Mussolini creía firmemente en la superioridad de los «europeos blancos», no sentía el mismo odio hacia los judíos que Hitler. Mussolini tampoco estaba de acuerdo con las opiniones extremas de Hitler sobre la supremacía aria.

El primer encuentro entre Mussolini y Hitler, que tuvo lugar en el verano de 1934 en Venecia, no fue bien. Ni Hitler ni Mussolini se entendieron bien debido a la barrera del idioma (Mussolini se negó a utilizar un traductor), y ambos salieron de la reunión decepcionados el uno con el otro.

Sin embargo, si había algo que ambos entendían bien era el poder de la propaganda. Se presentó al mundo una imagen cuidadosamente elaborada de solidaridad y amistad, haciendo creer a todo el mundo que ambos estaban mucho más unidos de lo que en realidad estaban.

Poco a poco, con el tiempo, los dos hombres forjaron algo parecido a una amistad. Y lo que es más importante, aunque cada uno daba prioridad a su propia agenda, se convirtieron en aliados y socios.

Por ejemplo, cuando Italia invadió Etiopía en 1935, Alemania se convirtió en uno de los primeros países en reconocer y admitir la legitimidad de Italia sobre el país. Cuando Hitler puso fin a la pertenencia de Alemania a la Sociedad de Naciones, Mussolini también se retiró como muestra de apoyo.

Con el paso del tiempo, la influencia de Hitler sobre Mussolini creció hasta el punto de que este promulgó un decreto en julio de 1938 llamado «Manifiesto de la raza». Este manifiesto estaba dirigido a los judíos italianos. Exigía que perdieran la ciudadanía italiana, lo que significaba que tenían que abandonar sus puestos en el gobierno y no podían ser empleados por el gobierno italiano.

Pacto de Amistad - mayo de 1939

La relación entre Italia y Alemania se consolidó aún más en mayo de 1939, cuando Hitler y Mussolini firmaron el Pacto de Amistad o «Pacto de Acero».

En el acuerdo, ambas naciones se comprometían a ayudarse mutuamente con apoyo económico y militar si una de ellas entraba en guerra. El pacto también incluía un acuerdo secreto por el que se prepararían para una guerra en Europa. Sin embargo, también acordaron no hacer nada que desencadenara una guerra hasta al menos 1943.

Por supuesto, Hitler rompió esta parte del pacto en cuestión de meses. Ya había puesto la pelota en movimiento para iniciar una segunda guerra mundial.

Cuando Hitler invadió Polonia en septiembre de 1939, Mussolini optó por permanecer neutral, en contra del pacto. Se negó a apoyar a Hitler o a los nazis diciendo que Italia simplemente no estaba preparada para una guerra.

La dimisión de Mussolini y la rendición de Italia

Cuando Italia se unió a la guerra, casi un año después, en junio de 1940, las tropas de Hitler habían invadido y ocupado casi toda Europa Occidental. Así que Mussolini puso sus miras en otra parte, concretamente en África.

Casi desde el principio, Italia empezó a fracasar, haciéndolo primero en África, donde fue derrotada y expulsada por los Aliados. En 1940, Italia también invadió Grecia. Hitler no aprobó la medida, pensando que era un error. No queriendo que su aliado perdiera la reputación, Hitler se lanzó en picado, superando a las fuerzas aliadas en Grecia. Culpó a Mussolini del fracaso de la Operación Barbarroja.

En julio de 1943, los Aliados invadieron Sicilia, y el régimen fascista se derrumbó. La noche del 24 de julio, el Gran Consejo del Fascismo se reunió al amparo de la oscuridad para decidir los siguientes pasos de Italia.

Dino Grandi, ex ministro de Justicia italiano, se volvió contra Mussolini, expresando su frustración con el estilo de liderazgo de Mussolini. Grandi propuso que algunos de los poderes de *il Duce* como líder fueran transferidos al rey Víctor Manuel III. La moción fue aprobada rápidamente, y el Gran Consejo obligó a Mussolini a dimitir. Lo hizo el 25 de julio de 1943.

Tras su dimisión, Mussolini, que se encontraba algo aturdido por todo lo sucedido, acudió a su cita habitual con el rey Víctor Manuel, donde le comunicaron que Pietro Badoglio asumiría ahora las funciones de primer ministro.

Mussolini no tenía nada que decir al respecto. Al salir de la reunión, la policía lo detuvo. Mussolini aceptó tranquilamente su destino y no protestó cuando fue enviado a Ponza. Esta era una isla que Mussolini había utilizado durante décadas para encarcelar a sus enemigos. Y Ponza se convertiría ahora en su prisión.

La caída de Mussolini del poder había sido rápida y bastante vergonzosa. Cuando se corrió la voz por todo el país sobre la detención de *il Duce*, una sensación de alivio inundó a la población. Nadie, ni siquiera el fascista más acérrimo, luchó por salvarlo. La principal preocupación de Italia era qué hacer a partir de entonces. ¿Debían seguir luchando junto a Hitler y los nazis? ¿O debían ondear la bandera blanca?

Finalmente, Italia tomó la decisión de retirarse de la guerra y se rindió incondicionalmente a los Aliados el 8 de septiembre de 1943.

Menos de dos años después de la rendición, cuando terminó la guerra, Mussolini fue ejecutado.

Conferencia de Teherán (18 de noviembre-1 de diciembre de 1943)

Históricamente, las relaciones entre Estados Unidos y la Unión Soviética no han sido siempre las más cordiales y, en vísperas de la Segunda Guerra Mundial, las relaciones entre ambos países eran bastante tensas. La idea de una alianza o cooperación era irrisoria. La relación empeoró significativamente después de que Joseph Stalin firmara el pacto de no agresión con Alemania en 1939.

Sin embargo, desde entonces Hitler se había vuelto contra Stalin. Ante la idea de la destrucción a manos de un enemigo común, los países se unieron para forjar una alianza.

Esta alianza entre los «tres grandes» se conoce comúnmente como la Conferencia de Teherán.

Cuando Estados Unidos se unió a la guerra, los británicos ya estaban prestando ayuda y apoyo a los rusos, por lo que era natural que la Unión Soviética se convirtiera en aliada de Estados Unidos.

Del 18 de noviembre al 1 de diciembre de 1943, el presidente estadounidense Franklin D. Roosevelt, el primer ministro británico Churchill y el primer ministro soviético Joseph Stalin se reunieron en Teherán, Irán, para discutir estrategias militares que los ayudaran a invadir la Francia ocupada por los nazis y derrotar tanto a Alemania como a Japón.

La Conferencia de Teherán fue un momento importante en la historia, ya que fue la primera conferencia celebrada entre los tres líderes aliados más poderosos durante la Segunda Guerra Mundial.

Los tres líderes en Teherán: Stalin, Roosevelt y Churchill (de izquierda a derecha)
https://commons.wikimedia.org/wiki/File:Tehran_Conference,_1943.jpg

Durante la conferencia se tomaron decisiones clave sobre el mundo de la posguerra. Por supuesto, cada líder tenía sus propios objetivos, pero todos estaban unidos en su determinación de deshacerse de Hitler de una vez por todas.

En la conferencia, los aliados occidentales acordaron invadir Francia y lanzar una ofensiva occidental contra la Alemania nazi. Los tres líderes acordaron apoyar al gobierno de Reza Shah en Irán, mientras que Stalin prometió apoyo a Turquía si los dos países, que habían permanecido neutrales durante la guerra, se comprometían a entrar en la guerra del lado de los Aliados.

En la conferencia se decidió que la invasión de Francia por las tropas estadounidenses y británicas tendría lugar en mayo de 1944. Una vez derrotada la Alemania nazi, la Unión Soviética se uniría para atacar a Japón.

No cabe duda de que, sin la cooperación y la ayuda de la Unión Soviética, los Aliados habrían tenido muchas más dificultades para ganar la guerra. Se cree y se acepta ampliamente que, sin la Unión Soviética, la Segunda Guerra Mundial habría tenido un resultado muy diferente. Rusia estuvo al frente de algunas de las batallas más importantes, impidiendo que los nazis siguieran avanzando. El ejército de Hitler fue mucho más despiadado y salvaje con los rusos que con las potencias occidentales.

Entre las tres grandes potencias, la Unión Soviética fue la que más bajas sufrió, con aproximadamente veintiséis millones de soviéticos muertos durante la guerra. Algo más de once millones de ellos eran soldados. El propio presidente Dwight D. Eisenhower escribió en sus memorias que cuando visitó Rusia en 1945 «no vio una casa en pie entre las fronteras occidentales del país y los alrededores de Moscú... había muerto tal cantidad de mujeres, niños y ancianos que el Gobierno ruso nunca sería capaz de calcular el total»[5].

El país también pagó un alto precio por la enorme cantidad de capacidad industrial perdida a manos de los nazis. Debido a la Guerra Fría que siguió y a las continuas tensiones con Rusia después, a menudo es fácil olvidar el papel fundamental que desempeñó la Unión Soviética durante la guerra. Pero es un papel que debe reconocerse.

La Conferencia de Teherán fue un acontecimiento muy significativo. El sitio de Leningrado terminó un mes después de la reunión, y el resultado de las discusiones desempeñó un papel fundamental en la liberación de Francia y orientó la guerra en la dirección correcta.

Fin del sitio de Leningrado

El asedio de Leningrado comenzó en septiembre de 1941, pero las fuerzas soviéticas hicieron repetidos intentos de romper el bloqueo. Sin embargo, con todas las carreteras y conexiones ferroviarias que salían de Leningrado cortadas y destruidas, las fuerzas soviéticas tuvieron muchas dificultades para avanzar.

---

[5] Tharoor, Ishaan. "Don't Forget How the Soviet Union Saved the World from Hitler".
https://www.washingtonpost.com/news/worldviews/wp/2015/05/08/dont-forget-how-the-soviet-union-saved-the-world-from-hitler/.

Al cortar todas las conexiones, los nazis se aseguraron de que los civiles no tuvieran acceso a alimentos ni a otros recursos. Sin embargo, lo que no pudieron tocar fue el lago Ládoga. Se convirtió en la única ruta disponible para las fuerzas soviéticas. Era especialmente útil en invierno, cuando el lago se congelaba, creando una auténtica carretera.

Esta ruta también fue conocida como la «carretera de la Vida», ya que permitió la evacuación de casi un millón de civiles y salvó literalmente la vida de las personas que quedaban en Leningrado, ya que las tropas pudieron pasar algunos alimentos y otros artículos de primera necesidad.

La determinación de las tropas soviéticas por salir adelante poco a poco empezó a dar sus frutos. A principios de 1943, habían logrado romper el cerco alemán y pudieron llevar más alimentos y suministros a la población civil. Y el 12 de enero de 1944, tras el exitoso lanzamiento de una contraofensiva, pudieron finalmente obligar a los alemanes a retirarse.

Las fuerzas soviéticas siguieron avanzando hasta que las tropas alemanas acabaron en las afueras de la ciudad. El asedio de Leningrado había terminado por fin.

A menudo conocido como el asedio de los 900 días, el sitio de Leningrado duró un total de 872 días. Se perdieron aproximadamente un millón de vidas, y cientos de miles quedaron sin hogar y desplazados para siempre, alejados de todo lo que habían conocido.

La agridulce victoria se celebró con una salva de cañón mientras los civiles salían a las calles, riendo, llorando y cantando.

Para los civiles que quedaban en Leningrado, la pesadilla había terminado por fin.

En 1945, la ciudad recibió la Orden de Lenin, una condecoración del gobierno para destacar su valentía, resistencia y espíritu de lucha. Veinte años después, en 1965, la ciudad recibió también el título de «Ciudad Heroica».

La liberación de París

Una de las imágenes más perdurables de la victoria durante la Segunda Guerra Mundial es la de los soldados en las playas de Normandía. Cuando leemos sobre la victoria en la guerra, invariablemente se relaciona con el Día D o la batalla de Normandía.

Aunque el Día D no fue en absoluto la única batalla decisiva, se ha convertido en sinónimo de victoria en la guerra. Esto se debe, en parte, a que la liberación de París fue un gran acontecimiento. Cuando los alemanes fueron finalmente expulsados de París, se sintió realmente que el final estaba a la vista.

Alemania invadió Francia poco después del comienzo de la guerra, por lo que rescatar al país de la ocupación nazi fue como ver la luz al final de un túnel muy largo y oscuro. Y para los franceses, que habían estado ocupados por los nazis durante casi toda la guerra y obligados a someterse al dominio del ejército de Hitler, era la libertad.

Tanto si la guerra había terminado como si no, por fin eran libres.

Durante la batalla de Francia, que tuvo lugar entre el 10 de mayo y el 25 de junio de 1940, Alemania invadió Francia, Bélgica, Luxemburgo y los Países Bajos. En solo seis semanas, las tropas alemanas expulsaron a las fuerzas británicas. El 14 de junio de 1940, París había caído. Tras la invasión y ocupación de la ciudad, la Tercera República francesa no tuvo más remedio que disolverse. Se rindieron a Alemania el 22 de junio de 1940.

El poder pasó a manos del mariscal Philippe Pétain, soldado y héroe de la Primera Guerra Mundial. Bajo el mandato de Pétain, se firmó un armisticio con Alemania. Se estableció un gobierno autoritario en la ciudad francesa de Vichy.

Sin embargo, el general francés Charles de Gaulle se negó a doblegarse ante los alemanes. Días antes de la rendición del país, huyó al Reino Unido, donde recibió apoyo y ayuda del gobierno británico.

Charles de Gaulle
The National Archives UK, sin restricciones;
https://commons.wikimedia.org/wiki/File:General_Charles_de_Gaulle_in_1945.jpg

Mientras el gobierno títere de Vichy «dirigía» el país, el exiliado Charles de Gaulle se dedicaba a crear su propio gobierno, llamado Francia Libre, financiado por el gobierno británico.

La Francia Libre se negó a aceptar el gobierno títere y estaba decidida a resistir y luchar. Instaron y animaron al pueblo francés a luchar contra la invasión alemana. Mientras tanto, Charles de Gaulle buscó el apoyo de las colonias francesas. Tardó varios años, pero en 1943, el Chad francés y otras colonias francesas le habían prometido su apoyo.

Más de cuatro años de ocupación nazi siguieron a la invasión de Francia. La principal prioridad de los Aliados era deshacerse de los alemanes de la Unión Soviética y Francia. Durante la Conferencia de Teherán, la liberación de París se convirtió en uno de los puntos clave del debate.

El ejército aliado

Tras la conferencia, se decidió que las tropas estadounidenses y británicas organizarían una invasión a través del canal de la Mancha en Francia e intentarían expulsar a los nazis.

Hitler llevaba mucho tiempo anticipándose a este movimiento y encargó a Erwin Rommel que reforzara Francia y construyera un Muro Atlántico. El Muro del Atlántico debía actuar como una línea de defensa de 2.400 millas a lo largo de la costa francesa. Estaría lleno de obstáculos, minas, fortines y búnkeres. Sin embargo, los nazis no tenían ni el dinero ni los recursos para emprender un proyecto de tal envergadura, por lo que se concentraron en fortificar los puertos existentes.

Aunque los Aliados llevaban hablando de un ataque a través del canal de la Mancha desde 1942, la falta de recursos y de una estrategia clara hizo que se siguiera retrasando. Los Aliados tenían claro que la mejor manera de avanzar era reducir las fuerzas alemanas. Esto podía lograrse abriendo el frente occidental en Europa. Lo complicado era decidir qué lugar debía ser el objetivo y, lo más importante, cuándo.

Los preparativos para el ataque no empezaron en serio hasta diciembre de 1943, con el desembarco en el Reino Unido de un número récord de tropas estadounidenses. Los soldados británicos llevaban entrenándose intensamente para la invasión desde 1942 y se sentían plenamente preparados.

Mientras planificaban la invasión, el futuro presidente de Estados Unidos, Dwight D. Eisenhower, fue nombrado comandante del Cuartel General Supremo de la Fuerza Expedicionaria Aliada (SHAEF por sus siglas en inglés). Trabajaría con Bernard Montgomery, el hombre que había luchado y derrotado a Rommel en África.

General Dwight D. Eisenhower
https://commons.wikimedia.org/wiki/File:Dwight_D._Eisenhower_as_General_of_the_Army_crop.jpg

El jefe de Estado Mayor de Eisenhower era un estadounidense llamado Walter Bedell Smith. Sus otros subordinados, el mariscal del aire Arthur Tedder, el almirante Bertram Ramsay y el mariscal del aire Trafford Leigh-Mallory, eran todos británicos. La Francia Libre de Charles de Gaulle también envió a un delegado llamado Marie-Pierre Koenig para actuar como enlace entre de Gaulle y la Fuerza Expedicionaria Aliada.

En la primavera de 1944, más de 1,5 millones de soldados estadounidenses estaban en Gran Bretaña, listos para la acción. El teniente general J. C. H. Lee se encargó de supervisar la logística. En mayo de 1944, tenía preparados 6.500 barcos y lanchas de desembarco. Las lanchas de desembarco ayudarían al desembarco de aproximadamente 200.000 vehículos y 600.000 toneladas de suministros durante las primeras semanas de la invasión.

El apoyo aéreo también desempeñó un papel clave en la campaña de lucha contra la Luftwaffe. Los Aliados disponían de más de trece mil aviones de bombardeo, caza y transporte. Antes de la invasión propiamente dicha, las tropas aliadas lanzaron más de 195.000 toneladas de bombas sobre lugares clave de Francia, incluidos aeródromos, bases militares y centros ferroviarios alemanes. La aviación destruyó todos los puentes que cruzaban los ríos Sena y Loira.

Estos ataques preliminares fueron muy importantes, ya que ayudaron a aislar completamente la zona que sería invadida por los Aliados del resto del país. También se pretendía engañar a los alemanes y hacerles creer que las tropas aliadas desembarcarían en Pas-de-Calais en lugar de en Normandía. Los Aliados lo consiguieron lanzando la mayor parte de sus bombas en la zona equivocada.

Además, la campaña aérea hizo que las tropas alemanas se sintieran un poco desconcertadas. Se vieron obligadas a admitir que las tropas aliadas eran muy superiores en lo que a aviación se refiere.

Los Aliados habían tardado años en preparar la invasión, pero fue un tiempo bien empleado porque estaban extremadamente bien preparados. Además de lanzar una campaña aérea muy exitosa, los Aliados también se habían vuelto expertos en descifrar los códigos alemanes y, por tanto, tenían una idea bastante clara de dónde se encontraban las fuerzas nazis y cuáles serían sus siguientes pasos.

Una de las maniobras más brillantes de los aliados fue crear ejércitos fantasma utilizando falsas transmisiones de radio. Basaron el ejército fantasma en Dover, Inglaterra, justo enfrente de Pas-de-Calais.

El plan de Montgomery

El Día D fue una operación militar extremadamente complicada. Requería una coordinación precisa, una planificación meticulosa y una pizca de suerte.

Mientras que a Eisenhower se le asignó la dirección del SHAEF, el general Bernard Montgomery era el comandante en tierra responsable de dirigir el 21º Grupo de Ejércitos y de organizar la Operación Overlord, el nombre en clave dado a la batalla de Normandía. El 21º Grupo de Ejércitos estaba formado por fuerzas terrestres aliadas y era el grupo que pondría en marcha la Operación Overlord.

Lo interesante y bastante divertido del plan de Montgomery es que estaba plasmado en una única hoja de papel. Marcó el documento como «Muy secreto» en la parte superior y escribió: «La nota clave de todo ha de ser la SIMPLICIDAD», en la parte inferior.

Al final, su plan de batalla era bastante simple, como lo son tantas cosas brillantes.

Para la invasión, Montgomery pidió que cinco divisiones desembarcaran en cinco playas diferentes en lugar de tres. También pidió que la zona de desembarco incluyera el río Orne.

A cada una de las cinco playas se le dio un nombre en clave. Eran los siguientes:

- Utah
- Omaha
- Gold
- Juno
- Sword

El plan constaba de dos partes. La primera, llamada NEPTUNO, requería que las tropas aliadas cruzaran el canal de la Mancha, desembarcaran en las playas y proporcionaran apoyo con fuego de artillería. La segunda parte del plan, llamada OVERLORD, era la invasión y la batalla propiamente dichas.

El objetivo era hacerse con el control total de la costa de Normandía. Una vez hecho esto, las tropas continuarían hacia el interior.

Montgomery confiaba en que con todos los preparativos y recursos que habían preparado, los Aliados serían capaces de montar un ataque exitoso y expulsar a los alemanes de Francia.

Preparación de las tropas alemanas

Mientras tanto, Hitler, que empezaba a presentir que algo se avecinaba, advirtió a sus tropas de que los Aliados podrían desembarcar en Normandía, a pesar de que habían creído todo el tiempo que la invasión se produciría en Pas-de-Calais. Por su proximidad a Dover, al otro lado del canal de la Mancha, parecía el lugar más adecuado. Para prepararse, las tropas alemanas situaron tres enormes baterías de cañones en la costa de Calais. Los cañones apuntaban directamente a Dover.

El mensaje era claro y amenazador. Calais estaba fuera de los límites.

Mientras trabajaba en el Muro Atlántico, Rommel colocó unos cuatro millones de minas y otras trampas en las playas de Normandía, así como en los pantanos del interior. También quería que las divisiones de tanques alemanas se situaran cerca de las playas, pero el mariscal de campo alemán Karl Rudolf Gerd von Rundstedt no estaba de acuerdo y consideraba que las divisiones de tanques debían mantenerse como reserva. Hitler tuvo la última palabra en la disputa y la resolvió repartiendo las divisiones entre los tres.

La mala gestión y las disputas no eran los únicos problemas de Hitler. Los Aliados habían ideado una brillante campaña de engaño creando un «ejército ficticio», y Hitler cayó completamente en la trampa. La campaña recibió el nombre en clave de Operación Fortaleza, y todo su propósito era hacer creer a Hitler y a los nazis que la invasión aliada tendría lugar en Calais. Los aviones espía alemanes vigilaban el sureste de Inglaterra y veían lo que creían que era un enorme ejército listo para invadir. En realidad, lo que veían eran principalmente señuelos.

Inglaterra también había conseguido capturar a casi todos los espías alemanes del país. Fueron encarcelados o empezaron a trabajar para los Aliados como agentes dobles. Los agentes dobles fueron utilizados para pasar mensajes a las tropas alemanas, confirmando que la invasión tendría lugar efectivamente en Calais.

Los Aliados incluso transmitieron este falso mensaje por radio, sabiendo que los nazis lo escucharían. Cuando los Aliados atacaron, las tropas alemanas se sorprendieron. No esperaban estar tan equivocados.

Lo que salvó a los nazis de la destrucción total inmediatamente después de la invasión fue la preparación y fortificación del Muro Atlántico en Normandía por parte de Rommel. Las minas, trampas y cañones que había colocado con tanto cuidado dieron a los alemanes una oportunidad de luchar y fueron la principal razón de que las tropas aliadas sufrieran terribles bajas.

Rommel había insistido en que las divisiones de tanques Panzer debían estar posicionadas y listas para un ataque a la costa, pero Hitler no estaba de acuerdo con él. Quería a la mayoría de las divisiones Panzer vigilando de cerca París. El resto se dispersaron esporádicamente por la costa sur. Como resultado, solo una división estaba lo suficientemente cerca para atacar y defender Normandía.

Irónicamente, si Hitler hubiera hecho caso de los consejos y advertencias de Rommel, el Día D podría haber resultado muy diferente para los Aliados.

Por suerte para el mundo, no lo hizo.

El Día D o la invasión de Normandía

La invasión de Normandía se planeó de tal forma que las fuerzas británicas, estadounidenses y canadienses desembarcaran al mismo tiempo en cinco puntos distintos de las playas de Normandía (Francia).

La Operación Overlord o Día D se planeó inicialmente para mayo de 1944, pero se fue retrasando debido a problemas con el ensamblaje de las lanchas de desembarco, el mar embravecido y el mal momento. Eisenhower fijó el 5 de junio como nueva fecha para la invasión. Eisenhower insistió en que la fecha se mantendría firme y que no habría más cambios.

Sin embargo, a medida que se acercaba el 5 de junio y las tropas aliadas se preparaban para cruzar el canal de la Mancha, el tiempo empeoró. Una violenta tormenta azotó la costa francesa. El tiempo era tan malo que los nazis estaban convencidos de que no necesitaban vigilar sus puestos, ya que sería temerario enfrentarse a un mar tan tempestuoso. Rommel y algunos otros mandos militares pidieron permiso para regresar a París y a Alemania.

Siguió un acalorado debate entre los líderes aliados y se decidió que la travesía y el desembarco serían demasiado peligrosos en esas condiciones. La invasión se retrasaría veinticuatro horas más. Los barcos que estaban en el mar ya habían sido traídos de vuelta.

Cuando llegó el 5 de junio, la baliza meteorológica aliada indicó que el tiempo se despejaría hacia medianoche, al menos lo suficiente para seguir adelante con el plan. Las tropas entraron en acción.

Eisenhower les dijo: «Están a punto de embarcarse en la Gran Cruzada, por la que nos hemos esforzado todos estos meses. Los ojos del mundo están sobre ustedes»[6].

Y así fue. Sería una batalla que pasaría a la historia.

---

[6] Fitzgerald, Clare. "The Powerful Speech Dwight D. Eisenhower Delivered to Allied Troops Invading Normandy". https://www.warhistoryonline.com/world-war-ii/dwight-eisenhower-d-day-speech.html?chrome=1.

En cuestión de pocas horas, la escuadra aliada, compuesta por 2.500 barcos, 3.000 lanchas de desembarco, 500 buques de guerra y otros buques de bombardeo y escolta, inició su viaje desde los puertos ingleses hacia Normandía.

Soldados estadounidenses preparándose para el desembarco en Normandía
https://commons.wikimedia.org/wiki/File:Omaha_Beach_Landing_Craft_Approaches.jpg

Poco después de medianoche comenzaron a aterrizar 822 aviones — solo una pequeña parte del número real de aviones reservados para el Día D— que transportaban soldados listos para aterrizar con paracaídas, planeadores que sobrevolaban las zonas de desembarco de Normandía y tropas paracaidistas, comenzaron a aterrizar.

Justo antes de que se completara el desembarco, las tropas británicas y estadounidenses bombardearon las cinco playas con la intención de destruir los búnkeres de artillería que pudieran haber colocado los alemanes. Y en la madrugada del 6 de junio de 1944, aproximadamente 160.000 soldados aliados habían cruzado el canal de la Mancha y desembarcado en las playas por barco y avión, listos para invadir Francia. Hubo algunas bajas durante el desembarco, ya que algunos soldados se ahogaron en el mar o desaparecieron, pero en general, el desembarco se consideró un éxito.

Los miles de tropas planeadoras y paracaidistas que habían desembarcado y estaban posicionados tras las líneas enemigas empezaron a trabajar para asegurar carreteras y puentes. A las 6:30 de la mañana comenzaron las invasiones, y las tropas aliadas formadas por fuerzas británicas y canadienses pudieron superar fácilmente a los desprevenidos alemanes y capturar rápidamente las playas de Sword, Gold y Juno.

Las cosas no fueron tan fáciles en las playas Utah u Omaha, donde las cosas empezaron mal para las tropas estadounidenses. La fuerza que debía desembarcar en Utah acabó desembarcando a kilómetros de distancia porque se desviaron de su rumbo. Pero una vez que se organizaron, pudieron hacerse con el control de Utah.

Omaha, por desgracia, se enfrentó a los mayores desafíos. Los bombardeos aéreos de los Aliados no dieron en muchos de los objetivos de Omaha debido al tiempo nublado, y las tropas estadounidenses se enfrentaron a una intensa resistencia por parte de las tropas alemanas. En cuanto los soldados estadounidenses empezaron a desembarcar en la playa, las ametralladoras nazis empezaron a dispararles. Más de dos mil estadounidenses murieron o resultaron heridos por los nazis en Omaha.

Al caer la noche, quedaban unos 156.000 soldados aliados. Las playas de Normandía habían sido asaltadas y tomadas con gran éxito. En una semana, el 11 de junio, más de 326.000 soldados habían invadido las playas y las habían asegurado por completo. Mientras tanto, 50.000 vehículos y más de 100.000 toneladas de material llegaron a las playas.

Los sorprendidos alemanes, que se habían visto tomados desprevenidos por el lugar del ataque, siguieron lidiando con la confusión y la mala gestión. No contaban con la dirección de Rommel, que estaba de permiso, mientras que Hitler dormía profundamente la mañana del ataque, habiendo dejado instrucciones estrictas de que no se lo despertara. Cuando finalmente se despertó, poco antes del mediodía, en medio de un caos absoluto, se negó a liberar inmediatamente las divisiones situadas en las cercanías para un contraataque. Estaba convencido de que el desembarco en Normandía no era más que una táctica de distracción diseñada para desviar la atención del verdadero lugar de ataque, cerca del río Sena. Quería que sus tropas estuvieran preparadas para la invasión.

El enorme éxito de la campaña aérea aliada resultó ser otro punto delicado para los alemanes. La destrucción de los puentes obligó a los nazis a dar rodeos, lo que consumía mucho tiempo y resultaba ineficaz. Las tropas navales aliadas también desempeñaron un papel fundamental al proporcionar apoyo y protección a las tropas terrestres que avanzaban.

En las semanas siguientes, las tropas aliadas prosiguieron su avance hacia la campiña normanda, sin dejarse intimidar por la resistencia alemana. En pocas semanas, los aliados se apoderaron con éxito del puerto de Cherburgo y lo utilizaron para desembarcar casi un millón de hombres y 150.000 vehículos. Entretanto, las fuerzas británicas se hicieron con el control de Caen.

Dos meses más tarde, hacia finales de agosto de 1944, las tropas aliadas alcanzaron el río Sena. Para entonces, las tropas nazis habían sido expulsadas del noroeste de Francia. París había sido liberada por fin. La batalla de Normandía había terminado.

El simple plan que se había escrito en una hoja de papel había sido un gran éxito. Uno de los principales objetivos del esfuerzo bélico aliado se había logrado.

La guerra aún no había terminado, pero París era libre. La marea estaba definitivamente cambiando en contra de Hitler y los nazis. Con sus tropas fuera de Francia, no pudo fortificar el frente oriental contra las tropas soviéticas. Este fue un punto extremadamente bajo para los nazis, y las cosas solo iban a empeorar.

Para los aliados, sin embargo, ganar la batalla de Normandía supuso una inyección de moral muy necesaria. Aunque habían estado ganando batallas menores, esta fue una de las primeras victorias importantes que realmente significó el final de la guerra. El fin del régimen nazi estaba cerca.

Las bajas estimadas de la batalla de Normandía son las siguientes:
- Alemania
    - 30.000 muertos
    - 80.000 heridos
    - 210.000 desaparecidos
- Estados Unidos
    - 29.000 muertos
    - 106.000 heridos y desaparecidos
- Reino Unido
    - 11.000 muertos
    - 54.000 heridos y desaparecidos
- Canadá
    - 5.000 muertos
    - 13.000 heridos y desaparecidos
- Francia
    - 12.000 civiles muertos y desaparecidos

Batalla de las Ardenas
(16 de diciembre de 1944-25 de enero de 1945)

La estrategia de Hitler

La última gran batalla contra Hitler tuvo lugar en la región de las Ardenas, cuando las fuerzas alemanas lanzaron un ataque por sorpresa contra los aliados estacionados en el bosque del sudeste de Bélgica, cerca de Luxemburgo.

La batalla de las Ardenas sería el último esfuerzo desesperado de Hitler por ganar la guerra y la última gran ofensiva de Alemania contra los Aliados. El objetivo de Hitler era dividir el foco de los Aliados que avanzaban hacia Alemania.

Tras liberar París, las fuerzas aliadas siguieron avanzando por el norte de Francia hacia Bélgica, ocupada por los nazis desde mayo de 1940. Poco después de la invasión de Normandía, el ímpetu de los Aliados estaba en lo más alto, pero a medida que pasaban los meses, el ímpetu disminuía.

A mediados de noviembre, las fuerzas aliadas lanzaron una ofensiva en el frente occidental que tuvo poco éxito. Las tropas estaban agotadas, las batallas eran largas y no se había conseguido ninguna victoria importante en los meses transcurridos desde la liberación de Francia.

Mientras tanto, Hitler se esforzaba por reforzar sus tropas trayendo nuevas reservas de donde podía. Se preparaba para lanzar una nueva ofensiva. El lugar que eligió fue la región boscosa de las Ardenas.

Calculó que los Aliados no esperarían un ataque allí, ya que el terreno era difícil de trabajar. A Hitler también le gustaba la región porque los densos bosques proporcionaban el refugio perfecto para ocultar sus fuerzas. Además, programó el ataque para diciembre, decidiendo utilizar el clima como arma. Confiaba en que las tormentas de invierno, las ventiscas, la lluvia helada y el frío dificultarían aún más los esfuerzos estadounidenses.

En el mundo ideal de Hitler, la ofensiva sorpresa se lanzaría a través de las Ardenas, con el objetivo final de cruzar el río Mosa, lo que les permitiría recuperar Amberes, Bélgica.

Por el camino, los alemanes obligarían al ejército británico a separarse de las fuerzas estadounidenses y de todos sus suministros. En esta posición debilitada, el ejército alemán se abalanzaría para destruir a los indefensos británicos.

El mariscal de campo Gerd von Rundstedt fue puesto al mando de la ofensiva. Mientras esto sucedía, el plan era que el 5º Ejército Panzer atacara a las fuerzas estadounidenses en las Ardenas. El 6º Ejército Panzer se movería hacia el noroeste para crear una barrera estratégica. Hitler era muy consciente y receloso del superior poder aéreo de los Aliados, por lo que decidió lanzar los ataques solo cuando el tiempo garantizara mantener a los Aliados en tierra.

Cuando los alemanes comenzaron su ofensiva a primera hora de la mañana del 16 de diciembre de 1944, en su tradicional estilo *blitzkrieg* del principio de la guerra, los aliados fueron cogidos por sorpresa y se vieron obligados a montar una defensa.

Las divisiones alemanas se abrieron paso a través de los densos bosques de las Ardenas para atacar a las cansadas tropas estadounidenses que se encontraban estacionadas a lo largo de un tramo de cien kilómetros para descansar y reagruparse. Tal y como predijo Hitler, durante los primeros instantes las fuerzas aéreas aliadas no pudieron hacer absolutamente nada para contraatacar debido a la intensa lluvia y la niebla.

Aprovechando la confusión general de los Aliados, los nazis se movieron rápidamente y avanzaron a grandes pasos. A medida que los alemanes se adentraban en las Ardenas, extendiéndose y rodeando la zona boscosa, creaban una especie de «protuberancia» en el mapa. De ahí surgió el término en inglés «Battle of the Bulge» (batalla de la protuberancia).

El caos no tardó en apoderarse de las Ardenas. Parecía como si un tornado la hubiera barrido. Ambos ejércitos arrasaron, cortaron y excavaron a través del bosque. Como Hitler esperaba, el frío no ayudó. Más de quince mil soldados estadounidenses enfermaron o murieron solo por el clima, a causa de neumonía, congelación y pie de trinchera.

Los nazis quizás tomaron nota de las tácticas de engaño utilizadas por los aliados durante la batalla de Normandía, ya que intentaron engañar a los aliados enviando impostores para infiltrarse entre las tropas. Se cambiaron las señales de tráfico para desviar deliberadamente a las tropas aliadas, mientras que los soldados alemanes que hablaban inglés se vistieron con uniformes estadounidenses y se colocaron en lugares estratégicos para causar más confusión y enviar a las verdaderas tropas estadounidenses a los lugares equivocados.

Estos soldados fueron elegidos por sus excelentes conocimientos de inglés y se les enseñó la jerga estadounidense, que aprendieron de los estadounidenses prisioneros en campos alemanes. Cuando los Aliados se enteraron de esto, empezaron a hacer preguntas de trivialidades estadounidenses a cualquiera que sospecharan que era un espía alemán.

En definitiva, los primeros días de la última gran ofensiva de Hitler estuvieron marcados por la confusión, el caos, las grandes pérdidas y el miedo de los Aliados. ¿Se había perdido todo lo que tanto les había costado ganar?

La respuesta aliada y el río Mosa

Pero como los Aliados habían llegado tan lejos, no se rendirían tan fácilmente en esta fase crítica. Siguieron adelante con valentía y determinación, tratando de encontrar humor donde podían y afrontando cada horrible situación con valentía y coraje.

Pronto se corrió la voz del ataque alemán, y el miedo se apoderó de los corazones de personas y naciones que habían confiado tranquilamente en que los Aliados prevalecerían. En Bélgica, los civiles aterrorizados sustituyeron las banderas aliadas por esvásticas nazis, y en París se impuso de nuevo el toque de queda. Fue un momento aleccionador para el mundo en general y para Estados Unidos, que había creído que la victoria ya estaba a su alcance.

Mientras tanto, los generales británicos movieron discretamente sus tropas para proteger el cruce del río Mosa. Este río era uno de los más importantes de Europa. La mayor parte del río Mosa es navegable por barcos y barcazas, y conecta Francia con Bélgica y los Países Bajos.

El canal de Alberto se extiende desde el río Mosa hasta Amberes, mientras que el canal de Juliana discurre paralelo al Mosa y llega hasta el extremo sur de los Países Bajos. En 1940, cuando Alemania invadió Bélgica por primera vez, las tropas cruzaron el río Mosa y pudieron penetrar en Francia tras romper por la fuerza la línea del canal Mosa-Albert.

Los británicos querían evitar a toda costa que aquello se repitiera.

El 24 de diciembre, el 5º Ejército Panzer se encontraba a poco más de cinco kilómetros del río Mosa. Pero la suerte de las tropas alemanas estaba a punto de acabarse. Los aliados habían encontrado por fin su ritmo y empezaban a contraatacar ferozmente, mientras que los alemanes se enfrentaban a problemas con el gélido clima y la escasez de gasolina.

El avance alemán se ralentizaba poco a poco.

Asedio de Bastoña (20-27 de diciembre de 1944)

Pero antes del día de Navidad y de que se despejara el tiempo, las cosas empezaban a pintar muy mal, especialmente en la pequeña ciudad de Bastoña. Los alemanes necesitaban capturar la ciudad como parte de su avance hacia el río Mosa.

Tras unos días de intensos combates entre alemanes y aliados, las tropas alemanas consiguieron rodear por completo a la famosa 101ª División Aerotransportada, atrapándola a ella y a otras tropas dentro de la ciudad. Pero los estadounidenses no permitieron que el contratiempo quebrara su ánimo y, por el contrario, desafiaron alegremente a sus captores.

El 22 de diciembre de 1944, los alemanes exigieron la rendición de la 101ª División. El general de brigada Anthony McAuliffe, comandante de la división, se negó rotundamente. En su lugar, para ayudarlos a salir de la situación, Eisenhower envió más tropas.

De forma bastante poética, el día de Navidad, el tiempo finalmente se despejó. El suelo estaba helado. Las fuerzas aéreas aliadas estaban listas para la acción e iniciaron una implacable campaña de ataques aéreos, mientras los tanques por fin podían moverse.

Mientras tanto, las tropas seguían resistiendo en Bastoña, sufriendo muchas bajas y esperando refuerzos. Estos llegaron finalmente el 26 de diciembre, cuando el 3º Ejército del general George Patton llegó a Bastoña y, en rápido orden, atravesó la línea alemana, poniendo fin al asedio y salvando a las tropas estadounidenses atrapadas.

Durante las semanas siguientes, la 101ª División y el 3º Ejército se enfrentaron a las fuerzas alemanas. El 17 de enero de 1945, tras una serie de batallas, los Aliados habían conseguido hacer retroceder a los alemanes.

Fin de la batalla de las Ardenas

Mientras las tropas de Patton se destacaban a Bastoña, Montgomery se hizo cargo del flanco norte. Reunió una fuerza con todo lo que pudo y se dirigió hacia el sur para impedir que los alemanes cruzaran el río Mosa.

Con los alemanes a escasos kilómetros del río Mosa, los aliados lograron detener su avance. El día de Navidad, los tanques alemanes se vieron obligados a detenerse y no pudieron avanzar más hacia el río. Estaban a solo seis kilómetros de alcanzar su objetivo.

Para entonces, los alemanes estaban casi al límite de sus fuerzas. Se habían quedado sin suministros y sufrían escasez de combustible y municiones. Enfrentados a la resistencia y la presión en todo momento, el 8 de enero de 1945, los alemanes comenzaron a retirarse lentamente de la batalla.

Los estadounidenses continuaron con su contraofensiva, a menudo luchando contra la nieve y la ventisca, además de contra el enemigo. Pero poco a poco, en las semanas siguientes, la tenacidad de las fuerzas aliadas dio sus frutos. Se redujo la ventaja alemana y los Aliados consiguieron eliminar todos los avances alemanes. El 25 de enero de 1945, la batalla de las Ardenas terminó oficialmente con los Aliados como claros vencedores.

La batalla de las Ardenas tuvo un alto precio. Fue la batalla más costosa jamás librada por el ejército estadounidense. Según las cifras recopiladas por el Departamento de Defensa estadounidense, durante la batalla murieron aproximadamente 19.000 soldados, otros 47.500 resultaron heridos y más de 23.000 desaparecieron. En el bando alemán, unos 100.000 soldados fueron capturados, muertos o heridos.

Una vez declarada terminada la batalla, las fuerzas aliadas celebraron por fin la Navidad, un mes después de la festividad propiamente dicha. Disfrutaron de cerveza helada enviada desde Estados Unidos. Pero su celebración duró poco, ya que ahora tenían que dirigirse a Berlín.

El fin de Alemania

Si consideramos los acontecimientos ocurridos entre 1943 y 1945, podemos ver un cambio definitivo a favor de los Aliados. Aunque Alemania no perdió oficialmente hasta 1945, cuando se rindió, algunos historiadores sostienen que Hitler empezó a perder la guerra ya en 1941.

¿Qué falló en la estrategia alemana y en el liderazgo de Hitler?

A primera vista, Alemania lo tenía todo. Mejores armas. Mejor equipamiento. Un ejército mejor. Mejor todo. Los nazis fueron apodados una máquina de guerra.

Pero gran parte de los éxitos y victorias de Alemania en los primeros años se debieron a sus tácticas de guerra relámpago, y su eficiencia y velocidad se esfumaron a mitad de camino.

A pesar de todas sus fanfarronadas y su confianza, Alemania tenía varios puntos débiles que al final resultaron fatales. Entre ellas, una economía pobre y una productividad escasa durante la guerra, la lucha en varios frentes, la falta de liderazgo y la debilidad de las líneas de suministro.

Alemania simplemente no tenía los recursos, como petróleo, acero y alimentos, para lanzar invasiones en múltiples países a una escala tan masiva. La economía del país no tenía la destreza ni la capacidad de producción para suministrar los bienes que el ejército necesitaba para sus numerosas invasiones. Y a medida que avanzaba la guerra, estos problemas no hacían más que empeorar, y la situación de Alemania se volvía cada vez más desesperada.

Sus problemas de abastecimiento no empezaron a mejorar hasta 1942, cuando Albert Speer, recién nombrado ministro de Armamento y Producción Bélica, empezó a movilizar toda la economía alemana para la guerra. No era la solución perfecta, pero empezó a marcar la diferencia en 1944. Por desgracia para Alemania, para entonces ya era demasiado tarde.

Según James Holland, autor de *La guerra en Occidente*, dados los problemas de abastecimiento de los nazis, habrían necesitado destruir por completo a sus enemigos de inmediato si querían salir vencedores de la guerra. Como se sabe, eso no fue lo que ocurrió. Aunque los alemanes invadieron y ocuparon varios países europeos, fueron incapaces de derrotar a Gran Bretaña. Hitler había creído arrogantemente que su Luftwaffe sería capaz de aplastar fácilmente a Gran Bretaña. Cuando esto no ocurrió, se vio atrapado luchando contra Gran Bretaña mientras iniciaba su invasión de la Unión Soviética.

Holland argumenta que Hitler *tuvo* que invadir la Unión Soviética para sobrevivir y obtener más recursos. La invasión llevó a Alemania a sobreexceder sus recursos, dejándola en apuros para conseguir suministros más tarde.

Tanto si Hitler invadió la Unión Soviética para sobrevivir como si fue porque ése era su plan desde el principio, la invasión no ayudó a su causa ni a la de Alemania. Cuando se echó atrás en el pacto de no agresión que había firmado con la Unión Soviética e invadió Leningrado, se ganó al instante un enemigo.

Y no solo eso, al invadir la Unión Soviética, las tropas de Hitler se vieron envueltas en una larga, costosa y tediosa batalla en el Frente Oriental, consumiendo valiosos recursos.

La invasión tuvo un efecto dominó en todo el mundo. Una batalla llevó a otra. Los países empezaron a hacer y deshacer pactos y acuerdos, y a velar por sus propios intereses. Finalmente, las crecientes tensiones en otras partes del mundo llevaron a Japón a atacar Pearl Harbor, lo que, como sabemos, se convertiría en la gota que colmó el vaso para Estados Unidos, que ya se había puesto públicamente del lado de Gran Bretaña, pero se había mostrado reacio a declarar la guerra.

Una vez que Estados Unidos se unió a la guerra del lado de Gran Bretaña, que estaba aliada con la Unión Soviética, era una conclusión inevitable que los tres países se unirían para derrotar a su enemigo común. Y aquí fue donde empezó a costarle aún más caro a Hitler porque ahora se veía obligado a dividir sus tropas y repartir todos sus recursos para poder librar dos batallas defensivas: una en el frente occidental contra británicos y estadounidenses, y otra en el frente oriental contra los soviéticos.

Finalmente, el liderazgo y el poder de Hitler sobre el pueblo y sus tropas empezaron con fuerza. Gobernaba con puño de hierro y sus seguidores creían ciegamente cada palabra que pronunciaba. Pero a medida que la guerra avanzaba, el apoyo y la fe del pueblo alemán y de sus propias tropas comenzaron a decaer. Hubo mala gestión a todos los niveles, y muchos de sus asesores tenían sus propios planes.

La batalla de Normandía es un ejemplo perfecto de cómo la falta de liderazgo y de unidad entre los comandantes de Hitler provocó una pérdida catastrófica. Rommel quería hacer las cosas de una determinada manera mientras Alemania se preparaba para una posible invasión aliada, pero Hitler y Rundstedt no estaban de acuerdo con él y no lo apoyaron. El mismo Día D, mientras las fuerzas aliadas desembarcaban en las playas de Normandía, Hitler dormía, habiendo dejado instrucciones de que no se lo molestara. Mientras tanto, sus comandantes estaban de permiso. Esta puede haber sido la batalla decisiva que inclinó totalmente la balanza a favor de los Aliados.

Aunque las fuerzas aliadas habían empezado a ganar terreno y a ganar algunas batallas, la victoria completa no estaba a su alcance. En cualquier momento, la guerra podría haber tomado cualquier rumbo. El «cualquier rumbo» se produjo en la batalla de Normandía.

Otro gran momento decisivo para las tropas aliadas fue el final del sitio de Leningrado. La exitosa contraofensiva de los soviéticos puso fin a otra larga ocupación alemana y supuso un enorme golpe para su operación. Debido a la pérdida de Francia, unida a la pérdida de la Unión Soviética, Alemania sabía que el final estaba a la vista. También sabía que la guerra no terminaría a su favor.

La arrogancia de Hitler y su negativa a admitir la derrota también contribuyeron a las pérdidas de Alemania. En los últimos años de la guerra, Hitler empezó a retirarse cada vez más. Rara vez se lo veía en público y pasaba la mayor parte del tiempo en su búnker de Berlín.

Con lo que Alemania no contaba era con la fuerza de los Aliados, no solo en número de tropas, sino también en recursos y ayuda financiera. En 1938, Estados Unidos elaboró una política denominada Ley de Préstamo y Arriendo. En virtud de este programa, los Aliados tenían derecho a recibir ayuda de diversas maneras. A medida que avanzaba la guerra, el programa se fue ampliando.

A través de esta ley, Gran Bretaña recibió más de treinta mil millones de dólares de ayuda en suministros como armas, aviones y medicinas. La Unión Soviética también recibió once mil millones de dólares de ayuda a través de este programa.

Como los estadounidenses se unieron a la guerra mucho más tarde, los Aliados tenían la ventaja de contar con millones de soldados adicionales fuertes, sanos y llenos de energía.

Cuando llegaron las tropas estadounidenses, las alemanas, que llevaban años luchando sin descanso, estaban cansadas, débiles y exhaustas. No sería de extrañar que simplemente estuvieran cansados de todo.

Todos estos retos y debilidades combinados resultaron ser demasiado para que Alemania los superara. Sin embargo, la suerte y el destino también tuvieron algo que ver.

Aunque la guerra había terminado en Europa, continuaba en el Pacífico. Japón era un fuerte contendiente, pero ahora las fuerzas aliadas podían dirigir toda su atención hacia allí. Los combates se prolongaron durante otros cuatro meses, pero Japón acabó rindiéndose tras el bombardeo atómico de Hiroshima y Nagasaki. Encontrará más información sobre el teatro de operaciones del Pacífico en el capítulo 5.

Capítulo 4: El costo de la guerra

La Segunda Guerra Mundial fue uno de los conflictos militares más sangrientos y mortíferos jamás librados, aniquilando entre el 3% y el 3,7% de toda la población mundial.

Aunque nunca se conocerán las cifras reales, los historiadores estiman que entre cuarenta y cincuenta millones de personas murieron durante la guerra. Murieron en combate, en campos de concentración y en campos de trabajos forzados. Murieron a causa de los bombardeos, las incursiones, el hambre, las enfermedades y la violencia.

¿Para qué sirvió todo esto? ¿Mereció la pena? La respuesta dependerá probablemente del lugar del mundo en el que uno se encuentre.

Aunque la guerra fue una guerra mundial y tuvo un impacto significativo en muchos países y naciones, para el propósito de este libro, examinaremos el costo de la guerra para las principales potencias Aliadas y del Eje. ¿Qué les ocurrió una vez finalizada la guerra? ¿Cuáles fueron las consecuencias a las que se enfrentaron? ¿Cuáles fueron las pérdidas? ¿Las ganancias?

Las potencias aliadas

Los Estados Unidos

Al principio de la guerra, después de que Hitler empezara a invadir países en Europa, Estados Unidos se negó a involucrarse. Estaba claro que su lealtad estaba con el Reino Unido, pero era reacio a declarar formalmente la guerra o a adoptar una posición.

Sin embargo, esto cambió cuando la guerra golpeó cerca de casa. A principios de diciembre de 1941, Japón atacó la base naval estadounidense de Pearl Harbor.

Víctimas de la guerra y reparaciones

Estados Unidos se unió a la guerra en diciembre de 1941 y luchó junto a británicos y soviéticos hasta el final. En total, Estados Unidos perdió 419.000 vidas. La mayoría de estas muertes fueron militares. Muy pocos civiles estadounidenses se vieron afectados por la guerra en Europa debido a la ubicación de Estados Unidos. Los nazis no podían someter a Estados Unidos a ataques aéreos como lo hacían con los países europeos. Como resultado, el número total de muertes civiles fue de alrededor de 12.100.

Como parte del tratado con Alemania, Estados Unidos recibió reparaciones del país. Esto se tratará más adelante en la sección dedicada a Alemania.

Los Estados Unidos de la posguerra

Aunque la pérdida de vidas humanas no puede considerarse de forma arrogante, en cierto modo, la guerra resultó ser algo muy bueno para Estados Unidos, ya que cosechó la mayor parte de los beneficios.

Tras el fin de la Primera Guerra Mundial, Estados Unidos vivió un periodo de júbilo y diversión llamado los locos años veinte. El dinero fluía libremente y la gente solo quería vivir y disfrutar de su vida.

Parecía como si las cosas hubieran cambiado de la noche a la mañana cuando el mercado de valores se desplomó en octubre de 1929. Los locos años veinte se desvanecieron y Estados Unidos entró en la Gran Depresión. Comenzó en 1929 y duró toda una década.

En 1939, las cosas empezaron a mejorar, y cuando estalló la guerra en Europa, transformó radicalmente la economía estadounidense. En aquel momento, el producto nacional bruto del país era de 88.600 millones de dólares; en 1944, esa cifra había aumentado a 135.000 millones.

¿Cómo ocurrió esto? Estados Unidos era un país grande con una gran población. Disponía de los conocimientos, la tecnología y el dinero necesarios para aumentar su productividad industrial, ¡y lo hizo en un asombroso 96%!

Las empresas y las industrias empezaron a recuperarse y los beneficios empezaron a duplicarse. Tras una década de desempleo y ausencia de salarios, la gente volvía a trabajar a tiempo completo y con mejores sueldos. La guerra creó diecisiete millones de puestos de trabajo, así como nuevas industrias y tecnologías.

Como los hombres luchaban en la guerra, las mujeres y los afroamericanos tuvieron que ocupar sus puestos de trabajo. Esto conduciría a reformas sociales y mejores derechos para las mujeres y las minorías en años posteriores.

Después de la guerra, la economía y la influencia mundial de Estados Unidos no hicieron más que fortalecerse. Estados Unidos no había quedado devastado y en la ruina como partes de Europa. Una vez finalizada la guerra, los estadounidenses tuvieron que reconstruir mínimamente; en su lugar, se centraron en fortalecer sus industrias.

Gracias al papel desempeñado durante la guerra, Estados Unidos se convirtió en una superpotencia mundial.

En todos los sentidos, Estados Unidos salió victorioso de la guerra. Al proporcionar ayuda y apoyo a los países europeos asolados por la guerra, Estados Unidos ejerció una gran influencia y control sobre esos países, lo que, a su vez, los benefició.

Hoy, Estados Unidos sigue siendo una de las superpotencias mundiales y muchos países del mundo lo consideran el modelo ideal de democracia, libertad y derechos.

Gran Bretaña

Gran Bretaña estuvo en el bando vencedor de la Segunda Guerra Mundial, pero se vio envuelta en la guerra con Alemania desde el principio. Las tropas británicas lucharon valiente y denodadamente durante seis largos años.

Aunque los británicos salieron vencedores, sufrieron muchas bajas y perdieron mucho en el proceso de lucha por la libertad.

Víctimas de la guerra

Gran Bretaña perdió aproximadamente 450.900 vidas durante la Segunda Guerra Mundial. Más de tres cuartas partes de esas muertes (383.700) fueron muertes militares; las 67.200 restantes fueron muertes civiles relacionadas con acciones o actividades militares.

Reparaciones

Inglaterra no tuvo que pagar ninguna reparación y, en su lugar, fue el destinatario de las reparaciones de Alemania, tal y como se esbozó en la Conferencia de Yalta y se finalizó durante la Conferencia de Potsdam.

La posguerra británica

La guerra le costó cara a Gran Bretaña y a sus colonias. Incluso con el apoyo y la ayuda de Estados Unidos, la guerra tuvo un enorme impacto en la economía del país y le hizo perder el gran imperio que había pasado siglos construyendo. Gran Bretaña también perdió su prestigio y protagonismo como superpotencia mundial, título que fue reclamado por Estados Unidos.

Los bombardeos nazis habían dejado muchas partes de Inglaterra destrozadas y en ruinas. Tras seis largos años de guerra, la población estaba exhausta y mentalmente destrozada. El final de la guerra trajo alegría y felicidad, pero también significó el comienzo de los esfuerzos de reconstrucción. La reconstrucción del país fue una tarea difícil, ya que la mayor parte de Europa tuvo que hacer frente a la escasez de bienes, materiales y mano de obra.

La economía de Gran Bretaña era un desastre y sus industrias pasaban apuros. Los ferrocarriles y las minas de carbón necesitaban materiales y equipos para funcionar, pero no había dinero para importar nada. Como el país no producía casi nada, tampoco exportaba nada. Parecía un círculo vicioso sin fin.

La situación era tan mala que incluso había que racionar el pan. Parecía haber una crisis a cada paso. La gente se enfrentaba a crisis económicas y de vivienda, y carecía de artículos de primera necesidad.

Pero el Partido Laborista, bajo el liderazgo de Clement Attlee —que había sido elegido al final de la guerra—, pronto estableció algunas medidas, como la nacionalización de las minas de carbón, el transporte por carretera, los ferrocarriles, la energía eléctrica, los muelles y los puertos.

Descolonización

A medida que avanzaba la guerra, se hizo evidente para los británicos que aferrarse a sus territorios y colonias estaba resultando demasiado costoso. Las propias colonias estaban impulsadas por ideas nacionalistas y querían su independencia. Ya no querían ser gobernadas por los británicos. Los habitantes de las colonias británicas lucharon sin miedo junto a los británicos durante la guerra y sentían que merecían y se habían ganado su libertad.

La agitación y el malestar latente llevaron a la India a independizarse de Gran Bretaña en 1947. Un año después, en 1948, Gran Bretaña se retiró de Oriente Próximo. Palestina se estaba convirtiendo en un punto de discordia, y el gobierno británico ya no deseaba ocuparse de ella. En años posteriores se convertiría en un problema aún mayor.

Lo que Inglaterra no había tenido en cuenta era la pérdida de sus colonias africanas. Habían apostado por utilizar la riqueza de África para ayudar a reconstruir Inglaterra y devolverle su opulencia. Esto significaba que tendrían que aumentar la presencia británica en el continente.

Sin embargo, como ocurre a menudo en la vida, las cosas no salieron como estaba previsto.

África

El 23 de julio de 1952, un golpe de estado dirigido por el coronel Gamal Abdel Nasser en Egipto derrocó a la monarquía y puso en su lugar un gobierno nacionalista. Cuando Nasser se convirtió en presidente de Egipto, una de las primeras cosas que hizo fue hacerse con el control de Suez y nacionalizarlo. Creía que Suez debía ser propiedad de los egipcios. Como resultado de la nacionalización, Gran Bretaña perdió sus acciones del canal.

Para recuperarlas y poner a Nasser en su lugar, Francia, Gran Bretaña e Israel urdieron un complot e invadieron Egipto a finales de 1956. Finalmente recuperaron el control del canal.

El ataque enfureció a Estados Unidos, y cuando el asunto se llevó a las Naciones Unidas, británicos y franceses se vieron obligados a retirarse de la zona. Esta reprimenda internacional consolidó aún más el hecho de que Gran Bretaña ya no era una potencia internacional. Parecía como si ya no tuviera autoridad internacional.

A medida que el nacionalismo se extendía por África, Gran Bretaña empezó a tener cada vez más dificultades para mantener el poder en el continente. Los continuos disturbios y combates empezaron a resultar costosos, y los beneficios que los británicos habían esperado obtener no parecían merecer la pena. Estaba claro que tenían que retirarse.

En 1960, el primer ministro británico Harold Macmillan visitó Sudáfrica. En un discurso pronunciado en Ciudad del Cabo, Macmillan reconoció que Gran Bretaña comprendía que los países africanos estuvieran deseosos de conseguir su independencia.

Entre finales de la década de 1950 y 1975, casi dos docenas de colonias africanas lucharon por su independencia y la obtuvieron. Para Gran

Bretaña, esto y la pérdida de su autoridad internacional son quizá las mayores repercusiones de la Segunda Guerra Mundial. La guerra desencadenó llamamientos a la independencia y provocó una drástica reducción del Imperio británico.

La Gran Bretaña actual

Por supuesto, Gran Bretaña no permitió que estos contratiempos la derrotaran y, en pocos años, el país avanzaba significativamente en sus esfuerzos de reconstrucción.

De 1945 a 1979, el gobierno británico osciló básicamente entre el Partido Laborista y los Conservadores. El Partido Laborista trabajó duro para establecer iniciativas destinadas a crear un Estado del bienestar e introdujo otras reformas sociales. Cuando los conservadores llegaron al poder, se centraron en la política exterior y supervisaron la crisis del canal de Suez.

A lo largo de las décadas, cada parte aportó algo para ayudar a reconstruir el Reino Unido. La asistencia de Estados Unidos en el marco del Plan Marshall también supuso un alivio muy necesario y ayudó al país a hacer frente a su crisis económica. La retirada de sus colonias también ayudó.

Aunque el Reino Unido nunca recuperó su imperio global ni su antiguo estatus, hoy es una de las naciones más desarrolladas del mundo. Está estrechamente aliada con otras naciones democráticas y sigue ejerciendo una considerable influencia social, cultural, política y económica en todo el mundo.

La Unión Soviética

Resulta bastante irónico que la Unión Soviética, que fue un poderoso aliado de Gran Bretaña y Estados Unidos durante la guerra, acabara convirtiéndose en el nuevo enemigo global casi tan pronto como esta terminó.

Independientemente de lo que el mundo piense de la Unión Soviética después de la guerra mundial o incluso hoy, no hay duda de que, sin su ayuda, Hitler y los nazis habrían sido casi imposibles de derrotar. La Unión Soviética desempeñó un papel crucial a la hora de ayudar a las potencias aliadas a poner fin a la guerra, pero desgraciadamente pagó un alto precio por ello.

Víctimas de la guerra y reparaciones

Se calcula que la Unión Soviética tuvo el mayor número de bajas durante la Segunda Guerra Mundial. Se perdieron aproximadamente 13.950.000 vidas.

- 6.750.000 fueron muertes militares.
- 4.100.000 fueron muertes civiles causadas por acciones militares.
- 3.100.000 fueron muertes civiles como resultado del hambre y las enfermedades.

El número real de muertes puede ser mucho mayor, ya que la Unión Soviética no estaba muy dispuesta a compartir las estadísticas de la guerra, y solo lo hizo después del final de la Guerra Fría. Los historiadores creen que el número de muertos en la Unión Soviética podría ascender a veintisiete millones. Calculan que aproximadamente 11,4 millones de soldados murieron en combate, 10 millones de civiles murieron como consecuencia de la actividad militar y entre 8 y 9 millones de civiles murieron de hambre y enfermedades.

Más de veinticinco millones de soviéticos se quedaron sin hogar, y la proporción entre mujeres y hombres se desequilibró enormemente al morir tantos hombres jóvenes durante la guerra. Otros catorce millones de soldados sufrieron heridas y lesiones a lo largo de la guerra.

En cuanto a las reparaciones, según el Tratado de Paz de París (1947), la Unión Soviética era receptora de reparaciones y tenía derecho a recibir compensaciones de las potencias del Eje. Se les debía lo siguiente

- 100 millones de dólares de Italia;
- 300 millones de dólares de Finlandia;
- 200 millones de dólares de Hungría;
- 300 millones de dólares de Rumanía.

Alemania pagó sus reparaciones enviando a la Unión Soviética fábricas (que eran desmontadas en Alemania y luego enviadas a la Unión Soviética), productos industriales, mercancías y alimentos.

Tras la guerra, la Unión Soviética conservó la parte oriental de Polonia, que pasó a formar parte de la República Socialista Soviética de Ucrania. Moldavia y los tres Estados bálticos (Estonia, Letonia y Lituania) también permanecieron bajo control soviético. La URSS también tomó el control de los gobiernos de Bulgaria, Checoslovaquia, Alemania Oriental, Hungría, Albania, Yugoslavia y Rumania.

La Unión Soviética de posguerra

Un año después del fin de la guerra, el hambre, las epidemias y las enfermedades se extendieron por todo el país hasta 1947. Además, la población tenía que luchar contra la sequía y las repercusiones de la guerra. La población civil sufrió mucho y debió de sentirse como en una batalla interminable.

Sin embargo, la población no se rindió. La primera prioridad de José Stalin para la Unión Soviética era la reconstrucción. Aceptó algunos créditos de Gran Bretaña, pero rechazó cualquier otra ayuda financiera, especialmente de Estados Unidos. En su lugar, se dirigió a los países de Europa del Este que estaban ocupando en busca de materias primas y maquinaria.

Se hizo hincapié en la modernización de sus industrias y en la producción de armas. En 1949, la Unión Soviética incluso había creado y probado con éxito su primera arma nuclear. Las fábricas alemanas y los suministros que recibieron como reparación contribuyeron en gran medida a alcanzar sus objetivos.

Una vez que la Unión Soviética pudo mantenerse en pie, expandió la economía y reforzó su control sobre Europa del Este. Mientras tanto, también se ejercía un mayor control e influencia sobre la población.

Bajo el mandato de Stalin, el país superó rápidamente sus luchas y emergió como una poderosa superpotencia militar e industrial con el objetivo de expandir su influencia por todo el mundo. Los británicos habían dominado el mundo durante mucho tiempo, pero la guerra había debilitado a Gran Bretaña y su influencia mundial había disminuido considerablemente.

Estados Unidos, en cambio, había salido de la guerra como la nueva superpotencia. En pocos años, la Unión Soviética se uniría a Estados Unidos como otra superpotencia mundial.

Los dos países, que nunca habían tenido una gran relación, se enfrentarían con frecuencia, dando lugar a un conflicto totalmente nuevo.

Si consideramos el asunto objetivamente, la Segunda Guerra Mundial ayudó a la Unión Soviética a convertirse en una fuerza poderosa. Aunque el país sufrió el mayor número de bajas y su población civil padeció enormemente las consecuencias de la guerra, las medidas que tomó el gobierno tras la contienda ayudaron a establecer a la nación como una potencia mundial. Independientemente de lo que muchos piensen sobre la política, los puntos de vista o las creencias de la Unión Soviética, hay que reconocer que, para un país que sufrió pérdidas tan grandes, hizo un trabajo extraordinario recogiendo los pedazos de la devastación y convirtiéndose en un país con el que nadie quería meterse.

Es una lástima que, en el proceso, su tenue amistad con Occidente llegara a su fin, convirtiéndolos de aliados en enemigos.

Las Potencias del Eje

Alemania

Consecuencias de la guerra

Días antes de que Alemania se rindiera a los Aliados, Hitler se pegó un tiro y murió por suicidio el 30 de abril de 1945. Todos los que quedaron atrás tuvieron que recoger los pedazos de la carnicería que él instigó.

Al igual que hicieron las potencias aliadas tras la Primera Guerra Mundial, Alemania fue castigada severamente por instigar la Segunda Guerra Mundial. Además de sufrir una humillante derrota por segunda vez en menos de un siglo, Alemania también sufrió enormes bajas. El país quedó devastado por la guerra y tuvo que pagar muchas reparaciones.

Básicamente, tras casi seis años de interminables batallas, Alemania lo perdió todo y no ganó nada a cambio.

Víctimas de la guerra

Es difícil tener un número exacto de bajas alemanas porque las cifras proporcionadas por el Alto Mando alemán no van más allá del 31 de enero de 1945. Sin embargo, varias batallas importantes tuvieron lugar después de esta fecha.

Las cifras oficiales que han manejado los historiadores afirman que aproximadamente cuatro millones de soldados alemanes murieron o desaparecieron. Sin embargo, en la década de 1990, Rüdiger Overmans, un historiador alemán, cuestionó esta cifra después de escarbar en los registros militares. Realizó un estudio patrocinado por la Fundación Gerda Henkel y descubrió que el número total de soldados alemanes muertos se acercaba más a los 5,3 millones. Casi un millón de ellos eran hombres reclutados en países del centro-este de Europa y Austria.

La cifra final de muertos civiles también es objeto de debate, ya que algunos creen que el número de personas que murieron como consecuencia de los trabajos forzados y los crímenes de guerra cometidos por los soviéticos y su expulsión por los alemanes oscila entre medio millón y más de dos millones.

Se calcula que entre 350.000 y 500.000 civiles murieron como consecuencia de los ataques aéreos y los bombardeos aliados. Otras 300.000 personas murieron en Alemania como consecuencia de la persecución religiosa, el racismo y la política.

Y, por último, aproximadamente 200.000 alemanes discapacitados fueron asesinados como parte de los programas de eutanasia de los nazis.

La Conferencia de Yalta

La cuestión de qué se debía hacer con Alemania fue un punto de debate para las potencias aliadas meses antes de que la guerra terminara realmente. Cuando se reunieron en febrero de 1945 en una ciudad llamada Yalta, a lo largo de la costa de la península de Crimea, confiaban en que la guerra ya estaba ganada.

La reunión de los tres principales líderes aliados —el presidente estadounidense Roosevelt, el primer ministro británico Churchill y el primer ministro soviético Stalin— recibió el acertado nombre de Conferencia de Yalta.

Churchill, Roosevelt y Stalin (de izquierda a derecha) en Yalta
https://commons.wikimedia.org/wiki/File:Yalta_Conference_1945_Churchill,_Stalin,_Roosevelt.jpg

Cuando las tres potencias se habían reunido previamente en noviembre de 1943 en Teherán, habían discutido estrategias sobre cómo liberar París y derrotar a Alemania. En la reunión de Yalta, París había sido liberada y Alemania estaba a punto de ser aplastada.

Ahora tenían que decidir qué hacer con Japón, que en aquel momento seguía avanzando con fuerza. Roosevelt estaba seguro de que, sin una estrategia clara, la guerra en el Pacífico continuaría. Quería asegurarse de que la Unión Soviética apoyaría a Estados Unidos, y también quería que se unieran a las Naciones Unidas.

Churchill quería discutir cómo instaurar la democracia en Europa Central y Oriental. Stalin planeaba la mejor manera de ampliar la influencia de la Unión Soviética.

Tras muchas discusiones, se acordaron algunos puntos clave.

- Alemania tendría que rendirse incondicionalmente y el país se dividiría en cuatro zonas que serían ocupadas por las cuatro potencias aliadas.
- Toda Alemania, incluidos civiles y prisioneros de guerra, sería castigada severamente por lo que había hecho. Esto se haría mediante reparaciones.
- Se permitirían elecciones libres en Polonia.
- La Unión Soviética ocuparía un puesto en el Consejo de Seguridad de la ONU como miembro permanente y entraría en guerra contra Japón una vez que Alemania hubiera sido eliminada.

Los líderes abandonaron la conferencia con confianza en sus próximos pasos. Sin embargo, pronto se haría evidente que Stalin no haría lo que dijo que haría.

Entre el 17 de julio y el 2 de agosto de 1945 se celebró otra reunión, la Conferencia de Potsdam. Esta conferencia decidiría el destino de Alemania en la posguerra.

La Conferencia de Potsdam

En un momento dado, Alemania estaba en un auge imparable. Las tropas nazis robaban en los países, exigían trabajos forzados y se llevaban todo lo que querían sin importarles apenas la destrucción que dejaban tras de sí. El final de la guerra fue un momento aleccionador para los alemanes, sobre todo cuando llegó el momento de discutir cómo devolverían el daño, el caos y la catástrofe que habían causado en todo el mundo.

Como no se podía confiar en la discusión inicial de Yalta, se organizó una nueva conferencia. En los cinco meses transcurridos desde la Conferencia de Yalta se habían producido algunos cambios importantes en el personal. Roosevelt había muerto apenas tres meses antes, por lo que el presidente Harry Truman asistió a la conferencia. Churchill acudió, pero perdió unas elecciones a mitad de la conferencia y fue sustituido por Clement Attlee, el nuevo primer ministro. Por parte soviética, nada había cambiado, y Stalin asistió.

Durante la Conferencia de Potsdam, los Aliados decidieron que Alemania pagaría 23.000 millones de dólares, la mayor parte con fábricas y maquinaria. A continuación analizaremos algunos de los aspectos más destacados de la conferencia.

Anexión

Se acordó que todos los países que habían sido anexionados por los nazis serían devueltos a sus fronteras anteriores a la guerra, incluidos Hungría, Checoslovaquia y Polonia occidental.

Ocupación

Austria y Alemania se dividieron en cuatro zonas que serían ocupadas y controladas por cuatro de las potencias aliadas: Gran Bretaña, Francia, la Unión Soviética y Estados Unidos.

Todos los costos y gastos incurridos por los países ocupantes tendrían que ser pagados por Alemania. Cuando finalizó la ocupación de las cuatro zonas en 1950, estos gastos habían ascendido a varios miles de millones de dólares.

El ejército alemán

El tratado exigía la desmilitarización de Alemania, así como su democratización y desnazificación.

Industrias e infraestructuras ferroviarias

Cuando las cuatro potencias aliadas comenzaron a ocupar las cuatro zonas, se desmanteló todo lo que quedaba de las industrias alemanas. Fábricas, plantas, sistemas ferroviarios, maquinaria... todo.

Después de desmontarlas, fueron llevadas a los países aliados. También se llevaron los barcos y la flota mercante de Alemania. Las industrias que quedaban y seguían produciendo tenían que dar una parte a los Aliados. Las producciones industriales, incluidos el acero y el carbón, también fueron sacadas del país.

Alemania tenía existencias en el extranjero por un valor aproximado de 2.500 millones de dólares. También esto fue confiscado.

Los ferrocarriles de doble vía en la zona ocupada por la Unión Soviética fueron desmantelados y convertidos en una sola vía. La Unión Soviética se llevó el resto del material.

En resumen, Alemania fue despojada de todo bien y material salvable. Se llevaron casi todo lo que tenía valor. Sin embargo, después de unos años de hacer esto, las potencias aliadas, con la excepción de la Unión Soviética, retrocedieron un poco y aplicaron el Plan Marshall. La Unión Soviética, sin embargo, siguió tomando bienes y materiales de Alemania hasta 1953.

Víctimas del Holocausto

Alemania aceptó indemnizar a las víctimas del Holocausto. El tratado también esbozaba la intención de procesar a los criminales de guerra nazis y hacerles rendir cuentas por sus acciones durante la guerra, especialmente en los campos de concentración. (En el capítulo 9 se hablará con más detalle del Holocausto y de las atrocidades que perpetraron los nazis).

Otros términos

Alemania poseía propiedad intelectual por valor de unos diez mil millones de dólares. Estaban en forma de marcas, derechos de autor, patentes y otras cosas. Al igual que las acciones, los Aliados se las arrebataron.

Otra condición del tratado exigía que Alemania proporcionara trabajos forzados a los Aliados durante varios años. Los trabajadores tendrían que trabajar en minas, industrias, en granjas o campos.

Reparaciones de Alemania

Además de las condiciones estipuladas en la Conferencia de Potsdam, Alemania tuvo que pagar reparaciones a varios países que habían quedado destrozados por la agresión o la ocupación nazi.

Polonia

En 1953, presionada por la Unión Soviética, la República Popular de Polonia renunció a cualquier reparación por parte de Alemania. A cambio de renunciar a este derecho, Polonia y Rusia querían que Alemania aceptara la frontera Óder-Neisse. Aceptar esta frontera significaba que Alemania tendría que ceder una cuarta parte de sus fronteras a los dos países.

En 1990, tras la reunificación alemana, Polonia pidió reparaciones. En 1992 se creó la Fundación para la Reconciliación Polaco-Alemana, y Alemania pagó al pueblo polaco unos 4.700 millones de eslotis. Austria y Alemania siguieron pagando indemnizaciones a las víctimas polacas supervivientes hasta 2006.

Aún hoy se discute ampliamente si Alemania debe o no alguna reparación a Polonia, dado que los polacos renunciaron a ese derecho en 1954.

Grecia

La ocupación nazi de Grecia provocó enormes pérdidas y la destrucción del país. Grecia se vio obligada incluso a sacar grandes sumas de dinero de sus bancos y entregárselas a la Alemania nazi como «préstamo».

En virtud del Tratado de Reparación de París, Grecia recibió una parte de las reparaciones asumidas por los Aliados. Cuando finalizaron los Tratados de Paz de París en 1947, Grecia recibió una parte adicional de las reparaciones.

En 1960, se entregaron 115 millones de marcos alemanes como compensación a los griegos que habían sido víctimas de los nazis. Posteriormente, el gobierno griego exigió más dinero y alegó que el pago anterior era simplemente uno de los muchos pagos que estaban por venir.

En 1990 se firmó un tratado final entre Gran Bretaña, Francia, Estados Unidos, la Unión Soviética y Alemania Oriental y Occidental. Se llamó Tratado sobre el Arreglo Final con respecto a Alemania y puso fin a todas las cuestiones sobre Alemania después de la guerra. En virtud de este tratado, Alemania considera resueltas todas las cuestiones relativas a las reparaciones.

Grecia no está de acuerdo. En 2015, empezó a reclamar a Alemania el pago de las reparaciones que aún se le adeudan. El saldo actual de las reparaciones, según los cálculos de Grecia, asciende a 279.000 millones de euros.

Israel

Las reparaciones por los bienes judíos confiscados por Alemania y los nazis fueron efectuadas a Israel por Alemania Occidental. Hasta 1989 se efectuaron pagos por un total aproximado de 14.000 millones de dólares.

Países Bajos

Inicialmente, los Países Bajos pidieron a Alemania que les pagara 25.000 millones de florines. Esta exigencia se modificó posteriormente, y en su lugar solicitaron anexionarse una parte de Alemania. En 1949, Holanda se anexionó alrededor de sesenta y nueve kilómetros cuadrados.

Casi quince años después, en 1963, Alemania Occidental pagó a los Países Bajos 280 millones de marcos alemanes y recuperó el territorio.

Yugoslavia

Alemania pagó a Yugoslavia unos 36 millones de marcos en concepto de equipos y material sustraídos de sus fábricas. Otros 8 millones de marcos alemanes se pagaron a ciudadanos yugoslavos como compensación por experimentos forzados.

La Unión Soviética

La Unión Soviética recibió reparaciones de Alemania en forma de máquinas, fábricas, producción industrial, materias primas, alimentos y otros suministros. El territorio de Memel, Lituania, anexionado por Alemania antes del comienzo de la guerra, fue anexionado por los soviéticos tras el final de la guerra.

Hasta la fecha, muchas de las reparaciones no han sido pagadas en su totalidad a los países receptores, y es poco probable que alguna vez lo sean. La mayoría de los países han dejado atrás su deseo de castigar a Alemania y exigir su devolución. Sin embargo, la cuestión de las reparaciones vuelve a plantearse de vez en cuando, pero aún está por ver si se llegará a algo con estas peticiones.

La Alemania de posguerra

Después de que Alemania se derrumbara y se rindiera a los Aliados, una de las condiciones del tratado era que las potencias aliadas ocuparan el país.

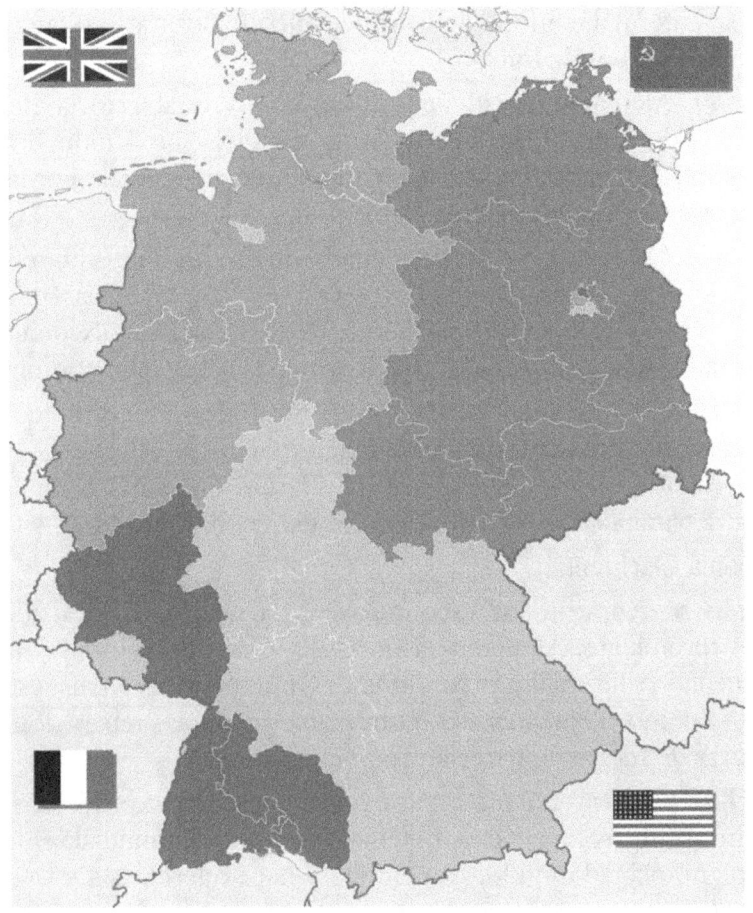

Ocupación de Alemania en la posguerra
WikiNight2, GFDL <https://www.gnu.org/licenses/fdl-1.3.html>, via Wikimedia Commons
https://commons.wikimedia.org/wiki/File:Deutschland_Besatzungszonen_8_Jun_1947_-_22_Apr_1949.svg

Las cuatro potencias se repartieron el país de la siguiente manera:

- Gran Bretaña se hizo cargo de la parte noroeste del país.
- Francia se hizo con el control de la parte suroeste.
- Estados Unidos tuvo su zona en el sur.
- La Unión Soviética se quedó con el este.

Además de esta división, los territorios que quedaban al este de los ríos Oder y Neisse pasaron a manos polacas. Esto provocó un gran desplazamiento; casi quince millones de personas de etnia alemana tuvieron que abandonar la zona. La expulsión no fue un proceso fluido y exitoso, y provocó un gran número de muertes de civiles. La gente se congelaba, enfermaba, moría de hambre, sufría malos tratos o era obligada a trabajar en campos de trabajo.

En 1949, Alemania Occidental se organizó y estableció la República Federal de Alemania. Esta fue ocupada por el Reino Unido, Francia y Estados Unidos. Mientras tanto, Alemania Oriental, ocupada por la Unión Soviética, estableció la República Democrática Alemana.

Alemania Oriental y Occidental tendrían futuros muy diferentes. La división era tanto física como ideológica, con dos creencias diferentes. Alemania Occidental seguía un modelo de gobierno occidentalizado, mientras que Alemania Oriental estaba sometida al régimen comunista.

Lo interesante es que Berlín también se dividió entre los cuatro ocupantes. Esto cobraría una enorme importancia en menos de dos décadas, cuando se levantó el Muro de Berlín, que supuso una barrera física que separaba las dos ideologías y los dos modos de vida.

Alemania Occidental

Cuando se retiraron los escombros de la guerra, se descubrió una verdad sorprendente: Alemania, a pesar de todas sus victorias y triunfos, había quedado diezmada y paralizada. Gran parte del país estaba en ruinas. Y como Alemania se enfrentaba a duras reparaciones, sus perspectivas de futuro no parecían prometedoras.

Por ello, fue sorprendente e inesperado que en cuatro décadas el país se convirtiera no solo en una potencia económica mundial, sino en la tercera economía del mundo. A menudo se hace referencia a esto como el *Wirtschaftswunder* o «milagro económico».

¿Cómo lo hizo?

Gran parte del mérito se debe al economista de fama internacional Walter Eucken. Luchó durante la Primera Guerra Mundial y acabó siendo profesor en la Universidad de Friburgo. Mientras enseñaba, empezó a desarrollar teorías económicas. Estas teorías se basaban en el concepto del capitalismo de libre mercado con la intervención del gobierno para evitar los monopolios de una empresa o grupo de personas. También creía que el gobierno tendría en cuenta los intereses de todas las personas en lugar de los de unos pocos elegidos.

Eucken también desarrolló teorías sobre un sistema de bienestar social para proporcionar asistencia a los menos afortunados y promovió la idea de un banco central que no estuviera vinculado al gobierno. Sostenía que una institución financiera centralizada ayudaría a mantener estable la economía mediante políticas monetarias.

Las teorías que propuso son esencialmente la forma de operar de la mayoría de los países occidentales o desarrollados, pero cuando se propusieron inicialmente, parecían un concepto totalmente ajeno. En su lugar, se hizo hincapié en la idea del socialismo.

En medio del debate socialismo versus capitalismo de libre mercado, un hombre llamado Ludwig Erhard, que tuvo como mentor a Eucken, empezó a ganar cierta reputación y llamó la atención de las fuerzas de inteligencia estadounidenses. Tras la rendición de Alemania, se convirtió en ministro de Finanzas de Baviera. Con el tiempo ascendió a director del consejo económico de la Alemania Occidental ocupada por los Aliados.

Bajo su dirección, se creó una nueva moneda que redujo la cantidad de dinero disponible en casi un 93%. El resultado fue una drástica reducción de la riqueza de los alemanes ricos y de las empresas. También aplicó grandes recortes fiscales destinados a ayudar a la gente a gastar e invertir su dinero. El nuevo dinero entró en vigor a finales de junio de 1948. También se eliminaron los controles de precios, lo que hizo que los superiores de Erhard cuestionaran sus decisiones. Pero Erhard se mantuvo firme y la apuesta le salió bien.

Cuando la gente se dio cuenta de que el dinero tenía valor, empezó a comprar de nuevo. Cesaron las transacciones en el mercado negro y la gente volvió a sentir el deseo de obtener un empleo remunerado porque realmente tenía un incentivo para trabajar.

Este cambio de mentalidad condujo a un aumento de la productividad. Por ejemplo, en junio de 1948, la producción industrial del país era la mitad de lo que había sido una década antes, en 1936. A los cinco o seis meses de la introducción de la nueva moneda, la producción industrial había alcanzado casi el 80%. Y en 1958, la producción industrial se había cuadruplicado.

El Plan Marshall, creado por George Marshall, secretario de Estado de Estados Unidos, también ayudó a Alemania a cambiar de rumbo. En el marco del Plan Marshall, se distribuyeron unos 15.000 millones de dólares entre los países europeos que habían sufrido enormes pérdidas a causa de la guerra. Gran parte de esta ayuda se destinó a Alemania.

También fue una suerte para Alemania Occidental que estuviera ocupada por el Reino Unido, Francia y Estados Unidos. La influencia de estas potencias y el hecho de tener a Estados Unidos como estrecho aliado ayudaron al proceso de reconstrucción.

La comparación perfecta podía encontrarse justo al otro lado de la frontera ideológica, en la Alemania Oriental controlada por los soviéticos.

Alemania Oriental

A diferencia de Alemania Occidental, Alemania Oriental no disfrutó de los mismos beneficios y prosperidad. Su economía siguió retrasada y las libertades políticas disminuyeron sustancialmente. Las cosas empeoraron tanto que la gente de Alemania Oriental se desesperó por marcharse, dispuesta a desafiar las estrictas restricciones de viaje.

Para impedir que los residentes de Alemania Oriental se marcharan, la Unión Soviética empezó a construir una barrera de hormigón. El Muro de Berlín se levantó en 1961 y se convirtió en un símbolo mundial de la Guerra Fría y de una Europa dividida.

Los residentes de Alemania Oriental permanecerían atrapados al otro lado del muro hasta el 9 de noviembre de 1989, cuando grandes multitudes invadieron el muro y comenzaron a desmantelarlo. El desmantelamiento del muro se produjo después de que el Partido Comunista de Alemania Oriental comunicara a la población que podía cruzar la frontera si lo deseaba. Ese día cayó el Muro de Berlín. En 1990, las dos partes de Alemania se reunificaron. Al año siguiente, la URSS se disolvió oficialmente.

Hoy en día, Alemania es una nación democrática desarrollada. Está considerada una superpotencia y es uno de los países más avanzados tecnológicamente. Tiene un ejército fuerte y uno de los mayores bloques comerciales del mundo. También forma parte de la Unión Europea.

Alemania ha dejado atrás los acontecimientos de la Segunda Guerra Mundial sin dejar de recordar la destrucción que causó. La nación es un firme aliado de Occidente y se centra en mantener la paz y la estabilidad mundiales. El país pertenece tanto a la Organización del Tratado del Atlántico Norte (OTAN) como a las Naciones Unidas (ONU).

Italia

Consecuencias de la guerra

Italia pagó un alto precio por su papel en la guerra. No sacó casi nada de ella y, hasta su rendición en 1943, la guerra no fue más que una serie de desastres militares para el país.

Víctimas de la guerra y reparaciones

Italia no solo perdió su imperio en África Oriental, sino también entre 492.400 y 514.000 soldados en combate. Se estima que otros 150.000 civiles murieron durante la guerra.

Según los términos del Tratado de Paz con Italia de 1947, Italia tuvo que pagar reparaciones a varios países.

- 125 millones de dólares a Yugoslavia;
- 105 millones de dólares a Grecia;
- 100 millones de dólares a la Unión Soviética;
- 25 millones de dólares a Etiopía;
- 5 millones de dólares a Albania.

En virtud del tratado, Italia tuvo que renunciar a todas sus colonias africanas. Algunos de sus territorios alpinos pasaron a Francia, mientras que el Dodecaneso, un grupo de islas griegas, fue entregado a Grecia.

Durante la guerra, muchas fábricas del norte de Italia fueron completamente destruidas por los bombardeos aliados. La capacidad de producción de estas fábricas se redujo drásticamente, dejándolas incapaces de producir armas u otros artículos.

Los italianos de todo el mundo también sufrieron repercusiones. Se asumió automáticamente que los inmigrantes italianos que vivían en Gran Bretaña y Estados Unidos tenían vínculos o creencias fascistas. Miles de inmigrantes fueron detenidos y desplazados. Perdieron su ciudadanía y sus propiedades y fueron tratados como enemigos, aunque no lo fueran.

Cuando Italia se rindió a los Aliados, el país estaba totalmente destrozado. Habían perdido su imperio en África, sus ciudades habían sido destruidas, apenas producían nada y no veían la manera de salir del embrollo. La rendición parecía la mejor y única opción que tenían.

Pocos días después de la detención de Mussolini, el Partido Fascista y otras instituciones fascistas se disolvieron. El gobierno provisional que se instauró estaba formado casi en su totalidad por antiguos fascistas. Poco después, Italia rompió lazos con Alemania, poniendo fin a su alianza. Alemania invadió Roma casi inmediatamente. Al cabo de unos meses, Italia había declarado la guerra a Alemania. Ahora eran los aliados los que los ayudaban.

La Italia de posguerra

Cuando la guerra llegó a su fin en mayo de 1945, un fuerte movimiento antifascista se extendió por todo el país. Antes del final de la guerra, en 1943, todos los partidos políticos que se oponían firmemente al fascismo se habían unido para formar una organización política paraguas llamada Comité de Liberación Nacional (*Comitato di Liberazione Nazionale* o CLN). El CLN inició un movimiento de resistencia contra los nazis y contó con el apoyo de las potencias aliadas y de la monarquía italiana.

Una vez finalizada la guerra, Ferruccio Parri, líder del Partido de Acción, dirigió el gobierno.

En toda Italia se encontró y asesinó a miles de fascistas, e incluso se creó un comité especial para purgar el país de fascistas. Esto causó gran inquietud entre la población, especialmente entre las personas que ocupaban cargos en el sector público. Se produce una reacción violenta y Ferruccio dimite. Un líder más moderado y democrático llamado Alcide De Gasperi lo sustituyó. Puso fin a las purgas y puso orden en el país.

Un año después del final de la guerra, el rey Víctor Manuel III abdicó en favor de su hijo, el rey Umberto II. No ocupó el cargo demasiado tiempo. El país celebró un referéndum y decidió que ya no quería una monarquía y que quería convertirse en una república. Toda la familia real se vio obligada a abandonar Italia.

Cuando comenzó la Guerra Fría en 1947, De Gasperi se marchó a Estados Unidos. Para contentar al Vaticano y a Estados Unidos, se había asegurado de excluir a comunistas y socialistas de su gobierno. Su visita a Estados Unidos resultó muy fructífera, ya que regresó con una ayuda de 150 millones de dólares. Quedó entendido que, si algún comunista llegaba al poder, la ayuda sería revocada.

Italia quedó en mejor situación tras la Segunda Guerra Mundial. El país se convirtió en una república y se hizo más democrático. Italia estrechó sus lazos con Estados Unidos, al que aportaba la ayuda financiera que tanto necesitaba. Unirse al esfuerzo bélico del lado de los Aliados también puso a Italia en el «lado correcto» de la historia. El ingreso en la Organización del Tratado del Atlántico Norte (OTAN) también contribuyó en gran medida a consolidar su posición como aliado de Occidente.

En los años posteriores a la guerra, con la ayuda de Estados Unidos, Italia pudo reconstruir muchas industrias y experimentar un crecimiento económico. Su moneda se estabilizó y se incorporó al comercio europeo, llegando a ser conocida por sus marcas de lujo y su ropa de moda.

Con el tiempo, Mussolini y su régimen fascista se convirtieron en cosa del pasado y se consideran un bache en el camino de la larga y colorida historia de Italia.

Japón

Las consecuencias y pérdidas para Japón tras la Segunda Guerra Mundial fueron catastróficas.

Durante la guerra, Japón fue uno de los principales enemigos de los Aliados y lo pagó caro. Las bombas atómicas lanzadas sobre Hiroshima y Nagasaki devastaron el país. Sus efectos durarían décadas.

Japón perdió vidas, dinero e infraestructuras. Llevaría años reconstruir partes del país que habían sido destruidas por las bombas atómicas y los innumerables ataques aéreos.

Víctimas de la guerra y reparaciones

Japón perdió más de 3.100.000 personas en la guerra. Aproximadamente 2.300.000 soldados y tropas murieron, mientras que los 800.000 muertos restantes fueron civiles. Estas cifras no tienen en cuenta los miles de personas que murieron en los años posteriores debido a los efectos a largo plazo de las bombas atómicas. Muchos civiles que sobrevivieron a los bombardeos enfermaron de cáncer, leucemia u otros problemas de salud relacionados con la radiación.

Japón también lo pagó caro económicamente. En el Tratado de Paz con Japón (1951), firmado por cuarenta y nueve naciones, se acordó que las potencias aliadas recibirían reparaciones de Japón por los daños infligidos al país.

En total, se incluyeron en el tratado 54 acuerdos bilaterales. Algunas de las reparaciones solicitadas incluyen:

- 550 millones de dólares a Filipinas;
- 39 millones de dólares a Vietnam del Sur;
- 4,5 millones de libras esterlinas al Comité Internacional de la Cruz Roja para indemnizar a los prisioneros de guerra;
- 20 millones de dólares a Birmania;
- 300 millones de dólares a Corea del Sur;
- 223,8 millones de dólares a Indonesia:
- 5,5 millones de dólares a España.

Japón empezó a pagar estas reparaciones en 1955. Los pagos finalizaron en 1977. El documento completo de todas las reparaciones se encuentra en el Tratado de Paz con Japón[7].

Ocupación de Japón

Aunque la rendición japonesa puso fin oficialmente a la Segunda Guerra Mundial, en realidad no fue el final. La cuestión de qué hacer con Japón se debatió largo y tendido durante una serie de conferencias celebradas entre los líderes aliados. Se plantearon cuestiones sobre el ejército japonés, sus colonias, su economía, etc.

Poco después de terminar la guerra, Estados Unidos encabezó una misión de fuerzas aliadas para ocupar y rehabilitar Japón. Durante ocho años, ocuparon el país bajo la dirección del general Douglas MacArthur, que era el comandante supremo de las Potencias Aliadas (SCAP). El Reino Unido, China y la Unión Soviética también participaron en los planes de reconstrucción como asesores.

Se introdujeron cambios radicales y drásticos en el país en tres fases. El grueso de los cambios tuvo lugar en la primera fase, que duró aproximadamente de 1945 a 1947. El gobierno japonés fue completamente desmantelado y se prohibió a los oficiales militares cualquier tipo de liderazgo o papel político en el nuevo gobierno. Los juicios por crímenes de guerra se celebraron en Tokio.

El imperio había desaparecido. Aunque se mantuvo al emperador de Japón como figura decorativa, no tenía poder político ni control. El gobierno fue revisado y sustituido por una democracia, y se estableció un sistema parlamentario.

Se introdujeron reformas agrarias que redujeron significativamente el poder y la influencia de los ricos terratenientes. MacArthur también se propuso convertir la economía japonesa en un mercado libre. También se promovieron los derechos, privilegios e igualdad para las mujeres.

La segunda fase, entre 1947 y 1950, se caracterizó por una crisis económica y una creciente preocupación por la propagación de ideologías comunistas por el país. MacArthur estaba convencido de que una economía débil haría a Japón y a su población más vulnerables a las tendencias comunistas. Con China ya encaminada por la senda del comunismo, las fuerzas aliadas se dieron cuenta de que tenían que

---

[7] https://treaties.un.org/doc/publication/unts/volume%20136/volume-136-i-1832-english.pdf.

cambiar de rumbo.

Arreglar la economía se convirtió en una prioridad. Se introdujeron reformas fiscales, pero la guerra de Corea del Norte se convirtió en la tabla de salvación de Japón. Cuando las Naciones Unidas se unieron a la guerra, Japón suministró todo lo que las fuerzas de la ONU necesitaban. Esto también ayudó a asegurar la posición y la seguridad de Japón en el mapa mundial.

En 1950 comenzó la tercera y última fase. Cinco años después de la ocupación, las fuerzas aliadas empezaban a sentirse seguras de haber sentado unas bases sólidas para el éxito económico y político de Japón.

Comenzó el proceso de redacción de un tratado formal que pondría fin oficialmente a la guerra y a la ocupación. Ante la amenaza del comunismo y de la Unión Soviética, la idea de que Japón tuviera un ejército ya no ponía nervioso a Estados Unidos, que tampoco veía al país como una amenaza.

En el tratado final, los dos países firmaron un pacto bilateral de seguridad, aunque se permitió la permanencia de la base estadounidense de Okinawa. La ocupación terminó oficialmente en 1952.

El Japón posterior a la ocupación

En general, Japón salió fortalecido al final de la guerra y la ocupación. En muchos sentidos, la ocupación de las fuerzas aliadas fue lo mejor que le pudo pasar al país. En lugar de tener que arreglárselas solo con el desastre de la posguerra, Estados Unidos ayudó a reconstruir el país y hacerlo mucho más fuerte. El país se democratizó y se concedieron privilegios a las mujeres, como el derecho al voto, algo que antes no tenían.

En la actualidad, Japón es un país muy próspero. Es uno de los países más desarrollados y educados del mundo y tiene una población bastante rica. El país cuenta con bajas tasas de desempleo y tiene la segunda economía más grande del mundo.

Hoy en día, Estados Unidos y Japón comparten una relación muy estrecha; su antigua enemistad es cosa del pasado. Son aliados, amigos y se apoyan mutuamente. Para muchos, la ocupación estadounidense de Japón puede considerarse un éxito.

Segunda parte:
Teatros de guerra

Capítulo 5: La guerra en el mar

Las batallas terrestres, como la batalla de Normandía o la batalla de las Ardenas, se mencionan y escriben con frecuencia cuando se habla de la Segunda Guerra Mundial. Aunque las guerras terrestres constituyeron la mayoría de las batallas, la guerra naval desempeñó un papel crucial en el desarrollo de la guerra y en la dirección que tomó.

En este capítulo, analizaremos algunas batallas significativas que tuvieron lugar en el mar y discutiremos cuáles fueron sus repercusiones y cómo contribuyeron al esfuerzo bélico.

Batalla del Atlántico (1939-1945)

La batalla del Atlántico comenzó al principio de la Segunda Guerra Mundial. Se desarrolló en el océano Atlántico, donde los submarinos alemanes lanzaron una campaña de ataques feroces contra barcos y convoyes que transportaban suministros a las fuerzas aliadas.

La batalla del Atlántico comenzó en 1939 y fue una batalla continua que duró toda la guerra. Terminó en 1945, lo que la convirtió en la batalla más larga de la guerra. La batalla causó más de setenta mil muertos en el bando aliado. Los alemanes perdieron unas treinta mil personas.

Comenzó oficialmente el 3 de septiembre de 1939, varias horas después de que Gran Bretaña declarara la guerra a Alemania. El SS *Athenia* se dirigía a Montreal con más de 1.400 pasajeros cuando fue atacado y destruido por un submarino alemán, causando la muerte de 112 personas.

Con el ataque al SS *Athenia* había comenzado la guerra en el mar, en la que Alemania luchaba por el control de las rutas marítimas a través del océano Atlántico. Los alemanes creían que la destrucción de los buques que transportaban suministros críticos como alimentos, equipos y petróleo paralizaría a las fuerzas aliadas y las dejaría en una posición más débil.

Días después, el 10 de septiembre, Canadá, antigua colonia y estrecho aliado de Gran Bretaña, declaró también la guerra a Alemania. A Canadá se le atribuye un papel clave en la batalla. De la noche a la mañana, se encomendó a las Fuerzas Armadas canadienses la responsabilidad de escoltar los convoyes con destino a Europa. Los convoyes también estaban protegidos por la Royal Air Force (RAF). En el transcurso de la batalla, la RAF hundió diecinueve submarinos alemanes, mientras que el Mando Costero de la RAF hundió unos doscientos submarinos.

Al principio de la guerra, los nazis saboreaban victoria tras victoria en sus batallas en tierra. Un tipo similar de éxito se estaba viendo en el mar.

El almirante alemán Karl Dönitz era el hombre encargado de dirigir la parte naval de la guerra, y puso en marcha una estrategia de gran éxito y extremadamente mortífera. Los convoyes aliados eran cazados y acorralados en grupos; era como si los nazis actuaran como una manada de lobos. Dönitz asignó grupos de submarinos para cubrir una zona determinada de la ruta. En cuanto un convoy era visible, se pasaba el mensaje a los demás submarinos cercanos y todos se reunían. Al amparo de la oscuridad, la «manada de lobos» atacaba el convoy simultáneamente.

La estrategia de Dönitz se utilizó por primera vez el 18 de octubre de 1940, cuando un total de siete submarinos alemanes atacaron un convoy que se dirigía a Inglaterra. Se produjo una batalla que duró tres días. Los submarinos alemanes hundieron 20 de los 35 mercantes y mataron a 140 marineros.

La Fosa negra

Una franja específica del océano Atlántico que quedaba fuera de la cobertura aérea de los Aliados se denominó la Fosa negra. La Fosa negra se convertiría en el escenario de muchas batallas y ataques navales.

Los comandantes alemanes ganaron confianza con el éxito de sus ataques y decidieron ir un poco más allá enviando submarinos a lo largo de la costa de Estados Unidos y Canadá. Los submarinos destruyeron los petroleros y buques que se dirigían a Nueva Escocia, donde habrían formado parte de un convoy que luego se dirigiría a Europa.

En mayo de 1942, los submarinos estaban en el río San Lorenzo, hundiendo un total de veintiún barcos, incluido un transbordador. Durante seis meses, de marzo a septiembre, los submarinos alemanes hundieron unos cien barcos al mes. Para entonces, los alemanes habían destruido unos dos mil barcos mercantes, matando a varios miles de marineros en el proceso. Millones de toneladas de suministros destinados a las fuerzas aliadas que luchaban en Europa nunca llegaron a su destino, sino que fueron hundidos.

El cambio de marea

Una vez más, al igual que las batallas en tierra, la marea también cambió para los que luchaban en el mar.

Los británicos lograron descifrar el código secreto alemán, lo que contribuyó en gran medida a ayudar a los Aliados. Ya no volaban a ciegas y podían tener una mejor idea de lo que harían los alemanes a continuación.

Descifrar el código Enigma también permitió a los Aliados controlar los movimientos de los submarinos. Además, gracias al desarrollo de los aviones de largo alcance, los Aliados pudieron cubrir más terreno (o más bien agua) cuando se trataba del Atlántico.

La armada británica adoptó una actitud más agresiva contra los submarinos alemanes y comenzó a rastrearlos. También estaban siempre atentos a los convoyes que necesitaban ayuda inmediata.

Desde Canadá llegó apoyo y ayuda adicional en forma de barcos. La armada canadiense también empezó a cazar submarinos alemanes y ayudó a hundir más barcos. Esta poderosa combinación empezó a dar sus frutos, y la marea empezó a cambiar.

En 1942, los alemanes hundían una media de cien barcos mercantes al mes; en 1943, ¡consiguieron hundir menos de trescientos barcos en todo el año! Cuando los alemanes empezaron a sufrir enormes pérdidas y a perder sus propios submarinos a un ritmo alarmante, se retiraron durante unos meses.

El apoyo de Canadá hizo que todo el Atlántico noroccidental quedara bajo su mando. Dependía de Canadá mantener a raya a los alemanes en el mar.

Aunque los alemanes tenían dificultades, no estaban dispuestos a rendirse todavía y aún tenían algunas cartas que jugar. Cinco años después del inicio de la guerra, la tecnología había mejorado mucho. Los alemanes tenían ahora submarinos mucho mejores y estaban cada vez más desesperados, lo que significaba que los convoyes aliados en el Atlántico seguían en peligro.

Hacia el final de la guerra, los alemanes torpedearon el HMCS *Esquimalt* cerca de Halifax, Canadá. Murieron 44 personas. Tres semanas después del ataque, el submarino responsable del ataque, el *U-190*, finalmente se rindió, poniendo fin a la batalla.

Aunque la batalla del Atlántico no se analiza exhaustivamente, desempeñó un papel fundamental, ya que ayudó a las fuerzas aliadas que luchaban en Europa. Las fuerzas navales mantuvieron el mar a salvo, permitiendo el paso de preciados bienes y suministros hacia Europa y contribuyendo enormemente a la victoria final de los Aliados.

La larga e interminable batalla fue agotadora e implacable y se cobró la vida de más de setenta mil marinos mercantes. La mayoría de ellos nunca regresó a casa. Sus cuerpos nunca fueron recuperados, ya que se hundieron en el océano Atlántico.

Campañas del mar Negro (1941-1944)

Las campañas del mar Negro tuvieron lugar en el mar Negro y sus regiones costeras circundantes. Fue librada por las potencias del Eje y la Unión Soviética entre 1941 y 1944.

La Armada soviética, llamada Flota del Mar Negro, se vio completamente sorprendida cuando Hitler rompió su pacto de no agresión con Stalin e invadió el país.

Las fuerzas del Eje en las campañas del mar Negro estaban compuestas por alemanes, italianos, búlgaros y rumanos. También se unió la Legión Naval Croata, creada en julio de 1941.

La Armada soviética era muy superior a la del Eje. Sin embargo, las cosas empezaron mal para ellos porque no solo no estaban preparados para el ataque, sino que la Luftwaffe alemana también era muy eficiente y poderosa. Una serie de bombardeos destruyeron la mayoría de los barcos soviéticos.

La invasión de Hitler de la Unión Soviética, cuyo nombre en clave era Operación Barbarroja, comenzó el 22 de junio de 1941. La Unión Soviética sufrió pérdidas devastadoras en todos los frentes, pero empezaba a resistir y a contraatacar.

El 8 de agosto, los alemanes sitiaron el puerto de Odesa, situado en el mar Negro. Se entabló una batalla entre las fuerzas del Eje y las soviéticas que duró setenta y tres días. A mediados de octubre, la Flota del Mar Negro decidió evacuar la guarnición a la ciudad de Sebastopol. También evacuó a casi 350.000 civiles y militares.

Durante el inicio de la invasión de Sebastopol, la Flota del Mar Negro hizo todo lo que estuvo a su alcance para defender la ciudad. Los submarinos soviéticos hundieron miles de toneladas de suministros del Eje, mientras que el sur del mar Negro estaba sembrado de campos de minas colocados allí tanto por el Eje como por la Unión Soviética. Los campos de minas hundieron varios submarinos de ambos bandos.

La mayor parte de las campañas del mar Negro en 1942 estuvieron relacionadas con el sitio de Sebastopol. Durante el invierno y la primavera los buques de guerra soviéticos proporcionaron suministros y otros tipos de apoyo.

En febrero de 1942, mientras submarinos soviéticos activos vigilaban la parte occidental del mar Negro, Shch-213, un submarino soviético, torpedeó *Struma*, un barco que navegaba con la bandera de la Cruz Roja. En él viajaban unos ochocientos refugiados judíos procedentes de Rumanía para ser trasladados a Palestina. Murieron todos los que iban a bordo excepto una persona.

Al año siguiente, la Flota del Mar Negro se había reducido considerablemente y se encontraba en malas condiciones. Las fuerzas navales rumanas también habían sufrido algunas pérdidas, pero estaban rindiendo admirablemente.

Durante 1943, la mayoría de las operaciones en el mar Negro fueron campañas ofensivas lanzadas por la Unión Soviética. En julio, el submarino soviético M-31 fue hundido por un destructor rumano.

Para entonces, el Eje tenía claro que las cosas no le iban bien en conjunto, por lo que Alemania decidió evacuar la «posición de la cabeza de Goth», también conocida como cabeza de puente de Kuban. La cabeza de puente se encontraba en la península de Taman, situada entre el mar Negro y el mar de Azov. Se creó después de que Alemania fuera expulsada del Cáucaso. Los alemanes habían fortificado fuertemente la zona y tenían personal militar estacionado allí para poder atacar el Cáucaso cuando fuera necesario.

Pero cuando las cosas empezaron a ir mal con el Ejército Rojo, los alemanes decidieron reducir sus pérdidas y evacuar la zona. Mientras evacuaban, se aseguraron de hundir varios destructores soviéticos con sus

Stukas (bombarderos en picado alemanes).

Cuando la Segunda Guerra Mundial entró en su quinto año, la flota soviética estaba casi destrozada y no funcionaba. Necesitaban reparaciones urgentemente y parecía que no había forma de avanzar. En consecuencia, empezaron a utilizar buques más pequeños en la mayoría de sus campañas ofensivas. La aviación naval también prestó su apoyo.

Pero en 1944, las cosas pintaban muy mal para el Eje. Estaban perdiendo batallas terrestres en casi todos los frentes, con las tropas del Eje atrapadas en Crimea tras la liberación de Odesa. Las fuerzas del Eje cerca de Sebastopol también se habían rendido, mientras que los submarinos soviéticos continuaban con sus ataques a los barcos del Eje.

Las Fuerzas Aéreas Rojas también desempeñaron un papel activo atacando las bases del Eje situadas en el mar Negro, hundiendo submarinos y otros objetivos. Sus esfuerzos redujeron a la mitad el número de submarinos alemanes.

Mientras las cosas seguían deteriorándose para los nazis, los soviéticos ganaban más terreno, poniendo fin a las campañas del mar Negro.

Campañas del mar Báltico (1939-1945)

Mientras los soviéticos estaban ocupados luchando contra las potencias del Eje a lo largo del mar Negro, las fuerzas aliadas combatían al Eje en el mar Báltico. Aunque los principales participantes del bando aliado en este teatro de operaciones eran la Unión Soviética y la Armada polaca, la Armada sueca también desempeñó un papel crucial en las campañas. En el lado del Eje, la Armada alemana contaba con el apoyo de la Armada finlandesa.

La Armada polaca había entrado en escena por primera vez en 1939, cuando el país fue invadido por Alemania durante la batalla de la bahía de Danzig y la batalla de Hel.

La batalla de Danzig fue la primera de la Segunda Guerra Mundial en la que participaron fuerzas navales y aéreas. Mientras la flotilla polaca navegaba por la bahía de Danzig, fue atacada por la Luftwaffe. Los buques de guerra polacos lograron esquivarlos en su mayoría, sufriendo algunos daños. Cuando finalmente llegaron a Hel, fueron recibidos con nuevos ataques aéreos el 1 de septiembre de 1939.

En pocos días, la Luftwaffe había dañado gravemente o destruido los barcos polacos, que fueron abandonados o se hundieron. Los pocos buques ligeros que sobrevivieron, como remolcadores y cañoneras, fueron capturados por los alemanes.

En 1941, la Flota del Báltico de la Bandera Roja soviética estaba en una buena posición. Tenía la mayor armada del mar Báltico con bases repartidas por toda la costa. Pero cuando Alemania invadió repentinamente y sin previo aviso, la flota soviética, que no estaba preparada, comenzó a evacuar frenéticamente Finlandia y los países bálticos.

En el proceso, perdieron sus bases navales de Liepaja y Riga, así como una parte importante de su armada. Se refugiaron en Tallin, pero no por mucho tiempo, ya que pronto se vieron rodeados por las tropas alemanas.

Los soviéticos se apresuraron a evacuar a todos del mar mientras eran atacados sin descanso por los bombarderos alemanes. Durante la evacuación, los soviéticos sufrieron grandes pérdidas en la península de Juminda, que había sido repleta de minas por los alemanes y los finlandeses.

Algo similar ocurrió en Hango, otra base naval soviética. Durante la evacuación de Hango a finales de año, la marina soviética volvió a sufrir pérdidas masivas.

Lo que la Armada soviética había sido capaz de hacer era salvar Leningrado del primer asalto alemán en otoño. Por supuesto, esto también duraría poco, ya que las tropas alemanas bloquearon Leningrado.

En 1942, los soviéticos mantuvieron la cabeza de puente de Oranienbaum. Enviaron submarinos para atacar a Alemania y Finlandia y lograron hundir dieciocho barcos. Sin embargo, en el proceso, perdieron doce de sus submarinos.

Aunque no fue la campaña más exitosa, la Armada soviética incomodó a las armadas del Eje y las obligó a utilizar rutas alternativas más largas. Para deshacerse de la Armada soviética, los alemanes empezaron a utilizar tácticas más agresivas, lo que provocó un aumento de las pérdidas para los soviéticos.

En enero de 1942, los soviéticos reconquistaron Suursaari a los finlandeses, pero en un par de meses estos consiguieron expulsarlos. Esto desencadenó una serie de batallas que durarían hasta abril, con ambos bandos luchando por recuperar el control de la isla.

Cuando los soviéticos intentaron capturar otra isla, Someri, se vieron obligados a retroceder, pero consiguieron dañar dos cañoneras finlandesas en el proceso.

En otoño de 1942, Finlandia envió sus submarinos mejorados y actualizados al mar de Aland en busca de submarinos soviéticos. Destruyeron tres submarinos soviéticos en total, lo que hizo que se retiraran un poco de la zona.

Cuando llegó la primavera de 1943, los alemanes estaban intensificando sus esfuerzos en el mar Negro. El golfo de Finlandia estaba protegido por minas, y los soviéticos eran incapaces de atravesar la red antisubmarina que cruzaba el golfo. Más de sesenta mil minas navales estaban esparcidas por la zona. Los soviéticos no pudieron asaltar los barcos alemanes ni acercarse a los submarinos alemanes. Sus repetidos intentos tuvieron un alto precio, ya que perdieron seis submarinos.

Sin embargo, los soviéticos hundieron uno de los dragaminas finlandeses y causaron daños a los cañoneros mediante un ataque aéreo. En otoño de 1943, uno de los aviones torpederos soviéticos hundió un buque escolta finlandés.

En 1944, los soviéticos empezaban a aplastar a las potencias del Eje en batallas terrestres. Se había levantado el sitio de Leningrado y las cosas mejoraban para las potencias aliadas.

Los ataques aéreos de los soviéticos sobre Helsinki provocaron el hundimiento de dos patrulleras finlandesas; sin embargo, los soviéticos no tuvieron éxito en su intento de atacar la costa sur del golfo de Finlandia. Al final, eso no importó. En septiembre, la Unión Soviética y Finlandia firmaron el Armisticio de Moscú, acordando la paz.

Antes del armisticio, las ofensivas soviéticas contra Finlandia provocaron daños en varios buques alemanes. Tras el éxito de la invasión de Normandía, la mayor parte de la flota de superficie alemana fue enviada al mar Báltico para ayudar a la maltrecha armada alemana. Los soviéticos se adentraron en los territorios ocupados por los nazis y los alemanes evacuaron a la población. Ambos bandos continuaron con sus bombardeos y torpedeos, lo que provocó importantes daños en barcos y buques.

Para entonces, las fuerzas alemanas también se enfrentaban a una desesperada escasez de suministros, incluido el combustible. Para ahorrar los recursos que les quedaban, los alemanes empezaron a reducir el número de buques de escolta, dejando los convoyes a merced de los soviéticos.

Tras liberar Leningrado, la flota de superficie de la Unión Soviética, debilitada y en ruinas, no se movió debido a las minas que los alemanes habían colocado en la zona. Sin embargo, sus submarinos siguieron atacando y hundieron varios transatlánticos alemanes que transportaban refugiados, lo que provocó grandes pérdidas. La guerra terminó poco después, poniendo fin a las campañas del mar Báltico.

Teatro del Pacífico

Cuando se habla de la Segunda Guerra Mundial, se suele prestar más atención a Europa, pero Japón desempeñó un papel muy importante en la guerra. Japón, que formaba parte del Eje, estaba en conflicto con gran parte de Asia y, más tarde, con Estados Unidos y los Aliados.

Tras el ataque a Pearl Harbor, Estados Unidos entró en la guerra a toda máquina. Derrotar a Alemania era sin duda una prioridad para Estados Unidos, pero también lo era aplastar a Japón.

La esfera de influencia y control de Japón se extendía por gran parte del Pacífico central y el sudeste asiático, incluyendo Birmania, la actual Malasia, Nueva Guinea y la isla de Wake.

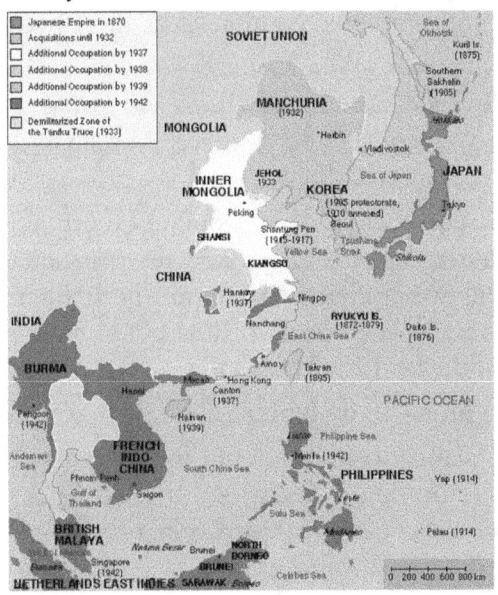

El imperio de Japón
Kokiri at English Wikipedia, modifications by Huhsunqu and Markalexander100., CC BY-SA 3.0 <http://creativecommons.org/licenses/by-sa/3.0/>, via Wikimedia Commons https://commons.wikimedia.org/wiki/File:Japanese_Empire2.png

Estados Unidos estaba decidido a acabar con el control de Japón. Los estadounidenses se hicieron cargo de las fuerzas aliadas que luchaban en el teatro del Pacífico y comenzaron a organizar contraofensivas contra Japón, lo que dio lugar a una serie de batallas.

Uno de los principales conflictos que tuvieron lugar en el teatro del Pacífico fue la batalla de Iwo Jima. Se libró entre Japón y Estados Unidos y es una de las batallas más mortíferas libradas por el Cuerpo de Marines de Estados Unidos.

En 1942 se creó el Estado Mayor Conjunto (JCOS), encargado de dirigir el esfuerzo de guerra. El JCOS estaba formado por oficiales de la Fuerza Aérea, la Marina y el Ejército de EE. UU., con el general Douglas MacArthur y el almirante Chester Nimitz al mando de la mitad del teatro del Pacífico.

Los dos liderazgos suponían una opinión dividida sobre cómo debía avanzar EE. UU. hacia la patria japonesa. MacArthur creía que la mejor forma de avanzar era dirigirse hacia Tokio y recuperar las Filipinas por el camino, mientras que Nimitz quería centrarse en recuperar islas más pequeñas por todo el Pacífico. Tras muchas discusiones, en 1944 se decidió que se utilizaría una combinación de ambas estrategias contra Japón.

En octubre de 1944, MacArthur llevó sus tropas a Filipinas, mientras que Nimitz tomó el control de las Islas Marianas, lo que supuso una importante destrucción de la fuerza aérea y la armada japonesas.

Uno de los oficiales del JCOS, el general Henry Arnold, pensó que las islas Bonin —más de dos docenas de pequeñas islas volcánicas diseminadas por el océano Pacífico central— podían ser la clave para atacar Tokio mediante ataques aéreos. Iwo Jima era el lugar ideal, ya que estaba situado entre Tokio y las Islas Marianas.

Batalla de Iwo Jima - 19 de febrero al 26 de marzo de 1945

Arnold había planeado inicialmente tomar la isla de Formosa (actual Taiwán), pero sus almirantes pensaron que Iwo Jima y Okinawa podrían ser una mejor apuesta. Una vez aprobado el plan por el JCOS, Nimitz comenzó a planear la invasión, que se conocería como Operación Destacamento.

Iwo Jima era una pequeña isla volcánica cubierta de arena y ceniza. Contenía cientos de pequeñas cuevas y dos aeródromos llamados Motoyama 1 y 2. El teniente general Kuribayashi Tadamichi fue puesto al mando de la defensa de Iwo Jima. Japón estaba decidido a que, ganara o perdiera, haría sufrir a las tropas estadounidenses.

En primer lugar, Tadamichi construyó una red de túneles en la isla y, a continuación, instaló blocaos y emplazamientos de armas en la superficie para protegerse. Sus soldados se estacionaron en las cuevas o en los túneles. El plan consistía en adentrar a los soldados estadounidenses en el interior de la isla y luego atacar mediante una descarga de fuego de artillería e infantería. Tadamichi también ordenó a las tropas que renunciaran a la tradicional carga *banzai* —el grito de guerra japonés— y en su lugar utilizaran sus escondites para matar al mayor número posible de soldados estadounidenses.

Cuando Estados Unidos comenzó finalmente su invasión, la pequeña isla contaba con más de veintiún mil soldados japoneses listos para atacar y rechazar a los invasores.

En el bando estadounidense, la Operación Destacamento estaba formada por fuerzas navales e infantes de marina. Contaban con once buques de guerra y aproximadamente setenta mil soldados. Los servicios de inteligencia estadounidenses creían que la isla estaba defendida por trece mil soldados japoneses y confiaban en que la invasión podría ganarse con éxito en cuatro días.

El general Joel Alan Schmidt, al mando de los marines, había solicitado bombardear Iwo Jima durante diez días seguidos para preparar la invasión. Obtuvo permiso para tres debido al estrecho margen de tiempo. Nimitz pretendía una victoria rápida antes de dirigir su atención a Okinawa.

El bombardeo no salió como estaba previsto. El tiempo no cooperó, y los bombardeos apenas hicieron mella en la bien protegida isla. Cuando los marines comenzaron a desembarcar en la isla la mañana del 19 de febrero de 1945, esperaban un desembarco rápido y eficaz. Pero la costa estaba rodeada de ceniza volcánica, lo que dificultó el desembarco más de lo previsto. La marina estadounidense envió excavadoras para retirar la ceniza, y empezaron a hacer algunos progresos.

Aprovechando su ventaja, Tadamichi ordenó a sus tropas que empezaran a disparar a los confusos y desorientados soldados. Pocos días después del desembarco, Tadamichi lanzó ataques kamikaze contra buques de la armada. Estos ataques eran un tipo de ataque suicida mediante bombardeo con el objetivo de destruir buques de guerra enemigos; este mismo tipo de ataque se utilizó en Pearl Harbor. Un piloto de caza japonés tomaba su avión kamikaze, que era básicamente un avión convertido en misil, y lo estrellaba contra un barco. La mayoría de las veces, el barco y el avión explotaban, provocando la destrucción total o graves daños.

Un ataque kamikaze contra el USS Essex durante una operación en el teatro del Pacífico, 1944
https://commons.wikimedia.org/wiki/File:USS_Essex_(CV-9)_is_hit_by_a_Kamikaze_off_the_Philippines_on_25_November_1944.jpg

Los ataques kamikaze de Tadamichi dañaron gravemente algunos de los buques estadounidenses, pero los marines siguieron adelante sin inmutarse. El 23 de febrero, el 28º Regimiento logró asegurar el monte Suribachi, anunciando firmemente su victoria con el izado de una bandera estadounidense en la cima.

El izado de la bandera estadounidense en el monte Suribachi
https://en.wikipedia.org/wiki/File:Raising_the_Flag_on_Iwo_Jima,_larger_-_edit1.jpg

Esta imagen se ha convertido en una de las más perdurables y famosas de la Segunda Guerra Mundial.

Mientras tanto, los demás regimientos siguieron avanzando, pero su progreso se vio obstaculizado por la fortísima defensa japonesa. Las tropas estadounidenses fueron atacadas sin descanso. Los estadounidenses sufrieron numerosas bajas, pero poco a poco consiguieron hacerse con el control de algunas zonas clave, como las colinas 362A y 362B.

El 10 de marzo, el Anfiteatro y Turkey Knob estaban bajo control estadounidense. Menos de una semana después, el 16 de marzo, Estados Unidos anunció que las últimas defensas japonesas se habían derrumbado y que la invasión de Iwo Jima había sido un éxito.

Sin embargo, esto no sería del todo cierto hasta el 26 de marzo. Ese día, varios cientos de soldados japoneses mataron a un centenar de soldados aliados que dormían y luego se suicidaron. Después de esto, la invasión se consideró terminada, pero tuvo un precio muy alto. Japón perdió aproximadamente 18.500 soldados. Cerca de 7.000 marines estadounidenses murieron, y otros 19.200 resultaron heridos.

Casi todos y cada uno de los soldados japoneses murieron o se suicidaron, testimonio de su inquebrantable lealtad a su país. El hecho de que los japoneses prefirieran morir a rendirse influiría en la decisión de Harry Truman de bombardear Hiroshima y Nagasaki.

El costo para los estadounidenses fue alto, pero la victoria los benefició. Los aeródromos de Iwo Jima se utilizaron durante el resto de la guerra.

Batalla de Okinawa - 1 de abril de 1945 a 22 de junio de 1945

Según lo planeado por Nimitz, pocos días después de ganar la batalla de Iwo Jima, la atención se centró en Okinawa. Los bombardeos previos a la invasión fueron iniciados por la Marina estadounidense el 24 de marzo de 1945. Continuaron hasta el 31 de marzo, y el 1 de abril de 1945, más de 60.000 soldados e infantes de marina estadounidenses irrumpieron en las playas de Okinawa, comenzando oficialmente la batalla.

Esta sería la última batalla insular planeada. Okinawa era una de las islas más grandes. Si los Aliados lograban hacerse con su control, dispondrían de una base aérea desde la que lanzar ataques aéreos contra Japón. La isla también proporcionaría una base para las flotas aliadas y los ayudaría a bloquear rutas importantes para Japón.

El nombre en clave de la batalla de Okinawa fue Operación Iceberg.

Los desembarcos iniciales de las fuerzas estadounidenses se desarrollaron sin problemas y no encontraron resistencia por parte de las tropas japonesas. Sin embargo, esto cambiaría pronto. Al igual que en Iwo Jima, las tropas japonesas presentaron una defensa feroz y decidida.

Al igual que en Iwo Jima, Okinawa no fue una victoria rápida y fácil. La batalla duró casi tres meses. Durante esta batalla se produjeron algunos de los ataques kamikaze más mortíferos, que destruyeron o paralizaron treinta y cuatro barcos estadounidenses.

Okinawa fue también la primera vez que los japoneses empezaron a utilizar el *baka*, un arma suicida como los aviones kamikaze. El planeador iba cargado de explosivos y propulsado por cohetes. Un piloto japonés se encargaba de guiar el planeador hasta su objetivo y alcanzarlo. En una serie de ofensivas y contraofensivas a lo largo de los meses de abril, mayo y junio, las tropas estadounidenses fueron ganando terreno poco a poco.

En Estados Unidos, en medio de la batalla, murió el presidente Franklin Delano Roosevelt. Harry Truman se convirtió en presidente.

Finalmente, el 22 de junio, las fuerzas estadounidenses lograron aplastar y derrotar a los japoneses, poniendo fin a la batalla de Okinawa. Una vez más, Estados Unidos sufrió grandes pérdidas. Se calcula que murieron 12.000 soldados y otros 36.000 resultaron heridos.

Al igual que en Iwo Jima, muchas de las tropas japonesas optaron por suicidarse en lugar de rendirse.

La rendición de Japón

Una vez finalizada la batalla de Okinawa, las potencias aliadas comenzaron a planear la invasión de Japón. Alemania ya se había rendido, poniendo fin a la guerra en Europa, y los Aliados esperaban que ocurriera lo mismo con Japón.

Sin embargo, la Declaración de Potsdam (la Proclamación que definía los términos de la rendición japonesa) no fue aceptada como estaba previsto.

En la declaración, los Aliados exigían la rendición incondicional de Japón y el desarme completo del ejército del país. También esbozaba la intención de juzgar a los japoneses por crímenes de guerra y la intención de establecer un gobierno democrático en el país. Si Japón aceptaba los puntos, se le permitiría mantener todas las industrias que no estuvieran relacionadas con la guerra. Además, se concedería acceso a las materias primas y, con el tiempo, se le permitiría volver a comerciar internacionalmente.

Sin embargo, si se negaban a rendirse o a aceptar las condiciones, los Aliados llevarían a cabo un ataque aéreo y naval.

Poco antes de que comenzara la Conferencia de Potsdam, Truman recibió la noticia de que los científicos del Proyecto Manhattan habían realizado con éxito una prueba de la primera bomba atómica. Transmitió la información a Stalin y esbozó su plan para utilizarla si Japón se negaba a rendirse.

Como sabemos, Japón rechazó la Declaración de Potsdam. El ministro de guerra japonés Korechika Anami dijo que los términos eran deshonrosos y se negó a aceptarlos, sellando así los destinos de Nagasaki e Hiroshima.

Poco después, Truman tomó la decisión de lanzar las bombas atómicas para poner fin a la guerra de forma rápida y definitiva. Aunque muchos critican duramente esta decisión hasta el día de hoy, es muy probable que los acontecimientos de las batallas de Iwo Jima y Okinawa influyeran mucho en la decisión de Truman.

Creía firmemente que bombardeando las dos ciudades y obligando a Japón a rendirse había evitado la muerte de miles de soldados estadounidenses. Si las batallas anteriores servían de algo, las tropas japonesas elegirían la muerte con tal de llevarse consigo vidas aliadas.

Truman quizás pensó que tenía una oportunidad de paralizar completamente a Japón, y la aprovechó. Si no lo hubiera hecho, ¿habría continuado Japón con sus ataques kamikaze y baka? No es posible asegurarlo, pero es bastante probable. Sin embargo, otros han dicho que Japón estaba en las últimas, lo que significa que la guerra probablemente habría concluido sin el uso de una fuerza tan extrema.

Tanto si fue una buena decisión como si no, los bombardeos condujeron a la rendición incondicional de Japón y a su aceptación de la Declaración de Potsdam.

Capítulo 6: La guerra en tierra

La vida en las trincheras

No es ningún secreto que la guerra se glorifica muy a menudo. En los libros, las películas, el arte e incluso la música, luchar por una causa ideológica se considera la gloria suprema. Hay imágenes e historias de camaradería, de tropas marchando por campos verdes y frondosos, hombro con hombro, luchando por una causa justa.

Sin embargo, la realidad es muy distinta. La guerra terrestre era absolutamente horrenda. Era física, mental y psicológicamente agotadora y dolorosa.

Soldados británicos en las trincheras
https://ww2db.com/image.php?image_id=5769

La Segunda Guerra Mundial fue una guerra devastadora, impactante por su sangriento salvajismo. Fue, con mucho, el conflicto más destructivo jamás presenciado por el mundo.

Los alemanes perfeccionaron la ciencia de la guerra *blitzkrieg*. Era una forma rápida y eficaz de invadir, destruir y ocupar. Cada país que los alemanes invadían era tomado completamente por sorpresa y bombardeado hasta la sumisión. Este método tan eficaz fue la causa del éxito de las invasiones alemanas al principio de la guerra. Pero a medida que Gran Bretaña y los Aliados se organizaron, las fuerzas alemanas tuvieron más dificultades para encontrar la victoria.

Cuando el Eje y los Aliados comenzaron a luchar entre sí, lo que siguió fue uno de los periodos más mortíferos de la historia. Se lanzaron bombas a diestro y siniestro, destruyendo ciudades enteras. Lo que no alcanzaban las bombas era arrasado por los enormes tanques que recorrían las calles. En ese momento de la historia, la tecnología estaba muy avanzada y cada bando disponía de un arsenal de armas sofisticadas.

Las tropas lucharon con una amplia gama de armas, como las siguientes:

- Armas, incluyendo rifles, escopetas, subfusiles y pistolas;
- granadas y minas;
- ametralladoras;
- misiles;
- gas venenoso;
- tanques, incluidos los destructores de tanques y los tanques lanzallamas;
- artillería, como cañones antitanque, cañones autopropulsados, lanzacohetes y morteros pesados;
- bombas atómicas;
- objetos simples como cuchillos y navajas.

Buena parte de la batalla se libraba a pie, con soldados a caballo o marchando sobre el terreno. Si un enemigo disparaba a un soldado, hiriéndolo de muerte, había muchas posibilidades de que muriera allí mismo. Los que tenían suerte eran enviados a casa para ser enterrados. Cientos de miles de soldados nunca volverían a casa.

La vida de un soldado

La vida de un soldado en el frente no era la experiencia romántica que se describe en libros y películas. También era bastante diferente del entrenamiento militar. La vida en el frente era impredecible, traumática y potencialmente mortal.

Las personas que se enrolaban en el servicio militar eran enviadas a un entrenamiento básico para desarrollar habilidades y recibir formación sobre la vida militar, la cadena de mando y el armamento. Dependiendo de lo que el soldado quisiera hacer, la formación básica podía ir seguida de una formación especializada. Por ejemplo, a algunos se los entrenaba para el combate, mientras que a otros se les enseñaba a manejar radios y transmitir códigos.

Dado que gran parte de la Segunda Guerra Mundial se libró en tierra, los soldados que lucharon sobre el terreno tuvieron una experiencia más dura. Una vez adiestrados a fondo, se los llevaba a un campamento de espera para que recibieran más instrucciones y llegara su equipo pesado. Los campamentos eran la calma antes de la tormenta. Había comida, compañía y una litera donde dormir por la noche. Y si un soldado tenía la suerte de llegar durante los meses cálidos, descubría que la vida en el campamento era infinitamente más agradable.

Cuando por fin tenían que marcharse, cada soldado recibía una mochila para llevar todo lo necesario para sobrevivir: comida, ropa, objetos personales, botas y cascos, por nombrar solo algunas cosas. También se llevaba otra bolsa con munición y armas. En total, cada soldado llevaba consigo unos ochenta kilos adicionales en todo momento. Los soldados también llevaban un fusil y otros objetos que se repartían entre ellos.

A continuación, los pelotones de soldados marchaban hacia su destino, dirigidos por un oficial subalterno y sargentos. Mientras marchaban, eran plenamente conscientes de que las fuerzas enemigas podían estar al acecho en las proximidades, listas para acabar con ellos.

La mayoría de estos soldados tenían muy poca idea de lo que estaba ocurriendo realmente en la guerra. ¿Estaban perdiendo? ¿Ganando? Nadie lo sabía con certeza. Algunas de las noticias que eventualmente llegarían a sus oídos tenían semanas de antigüedad.

Dependiendo de adónde se dirigieran y del tiempo, estas marchas podían ser horrendas. Los soldados tenían que arrastrarse por el barro, la lluvia, el hielo, el calor abrasador o la nieve hasta las rodillas. El tiempo no daba tregua, y para los que atravesaban terrenos montañosos o densos bosques, la marcha era aún más miserable.

Los soldados acababan a menudo con dolorosas ampollas en los pies o con pie de trinchera, que se produce cuando los pies están mojados durante un largo periodo de tiempo. Los hombres apenas tenían ocasión de bañarse o afeitarse, y a menudo pasaban meses sin poder asearse adecuadamente ni llevar ropa limpia. Algunos se duchaban con una bolsa colgada a varios metros del suelo. En la bolsa había agua suficiente para enjabonarse y enjuagarse.

Cuando los soldados llegaban a su destino, tenían que acampar para pasar la noche. El campamento consistía en trincheras que había que cavar individualmente con un hacha o un pico. Era un trabajo agotador, sobre todo si el suelo estaba helado y duro como una roca. A veces se encontraban cráteres provocados por la artillería, que los hombres utilizaban como campamento.

En invierno, los soldados dormían en sacos de dormir, pero a la mayoría no les gustaba usarlos porque les restaba movilidad. Siempre existía el temor de ser atacados por la noche.

Ni siquiera los campamentos eran realmente seguros. Si estaban cerca de un campamento enemigo, los soldados tenían prohibido fumar o encender fuego. A algunos se les asignaba patrullar de noche, mientras que otros dormían o al menos intentaban dormir. Los soldados tenían que levantarse al amanecer y estar preparados para un ataque desde el campamento enemigo en cualquier momento.

Las batallas en sí eran sangrientas, peligrosas y violentas. La mayoría de los soldados de infantería llevaban un fusil semiautomático M1 Garand, un arma resistente y fiable. Este fusil tenía un cargador de ocho balas que se disparaban con solo apretar el gatillo para cada disparo, ¡e incluso se podía convertir en un lanzagranadas!

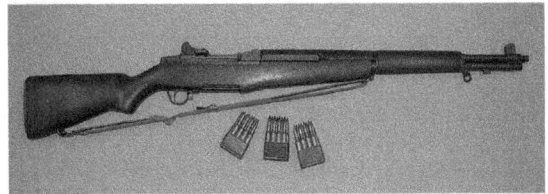

Fusil semiautomático M1 Garand
Curiosandrelics, CC BY-SA 3.0 <https://creativecommons.org/licenses/by-sa/3.0>, vía Wikimedia Commons; https://commons.wikimedia.org/wiki/File:M1-Garand-Rifle.jpg

Los soldados heridos eran tratados en el campo de batalla por un médico, si es que el escuadrón disponía de uno. Los soldados con heridas graves eran enviados a un puesto quirúrgico o a un hospital.

En el transcurso de estas batallas, a veces muy largas, los soldados apenas tenían tiempo para pensar o procesar nada de lo que ocurría, salvo el enemigo que tenían delante. Hacían lo que tenían que hacer y, si tenían suerte, podían descansar y comer algo antes de volver a enfrentarse al enemigo.

Y así seguían, día y noche, hasta que el enemigo era derrotado. Y entonces el pelotón marchaba a su siguiente parada. Por el camino, eran testigos de cosas horribles. Veían los cadáveres de sus amigos y aliados, pueblos arrasados y civiles inocentes muertos o heridos. Día tras día, vivieron este horror hasta que la guerra finalmente terminó.

Como vemos, la vida en el frente no era fácil ni estaba llena de gloria. La descripción anterior es un resumen básico del viaje de un soldado; los detalles reales eran mucho peores. Es una suerte para el mundo que los hombres estuvieran dispuestos a vivir esto y a luchar por una causa justa, porque no fue una hazaña fácil.

Batallas terrestres clave durante la Segunda Guerra Mundial

La Segunda Guerra Mundial se libró principalmente en tierra a través de una serie de batallas dispersas por Europa y otras partes del mundo. Aunque todas las batallas contribuyeron al esfuerzo bélico, algunas fueron más decisivas que otras.

He aquí una breve lista de las batallas terrestres más importantes.

- Operación Barbarroja (22 de junio-5 de diciembre de 1941): Fue la invasión alemana de la Unión Soviética. Como resultado, los soviéticos entraron en la guerra del lado de los Aliados. Tras una serie de contratiempos y grandes pérdidas, los soviéticos acabarían desempeñando un papel clave en la derrota de Alemania y el Eje.
- Asedio de Leningrado (8 de septiembre de 1941-27 de enero de 1944): La ciudad estaría sitiada por los alemanes durante casi novecientos días. El levantamiento del asedio se consideró una gran victoria para los soviéticos y un punto de inflexión en la guerra.
- Batalla de Stalingrado (23 de agosto de 1942-2 de febrero de 1943): La invasión alemana de Stalingrado se encontró con la

feroz resistencia del Ejército Rojo. El ejército alemán fue derrotado de forma contundente.

- Batalla de Normandía (6 de junio-30 de agosto de 1944): Esta batalla se considera a menudo el principio del fin. Con Normandía, las tropas aliadas pudieron empezar a expulsar a los alemanes de Francia, liberando el país.
- Batalla de las Ardenas (16 de diciembre de 1944-25 de enero de 1945): La última gran ofensiva alemana e intento de destruir a los Aliados comenzó inicialmente con muchas promesas. Alemania creía incluso que podría revertir su racha de derrotas, pero al final, la persistencia de los estadounidenses dio sus frutos. La ofensiva alemana retrocedió y sucumbió.
- Batalla de Berlín (16 de abril-2 de mayo de 1945): Esta batalla supuso el fin para Hitler y los nazis. El Ejército Rojo luchó sin miedo y capturó Berlín mientras esperaba la llegada de refuerzos estadounidenses. Hitler se suicidó durante esta batalla cuando finalmente se dio cuenta de que Alemania había perdido.

En otras secciones y capítulos de este libro se pueden encontrar más detalles y una visión más profunda de estas batallas.

Propaganda y reclutamiento

La propaganda desempeñó un papel enorme e importante en la Segunda Guerra Mundial, especialmente en la Alemania nazi.

Se utilizaron varios tipos de propaganda para influir en la población civil hacia una determinada forma de pensar. Mientras que la propaganda ayudó a aumentar el apoyo a la guerra y a conseguir tropas, el reclutamiento fue una de las principales formas en que cada país pudo ampliar sus ejércitos.

Alemania

La propaganda nazi llegaría a ser tan fuerte y eficaz que la gente estaba más que dispuesta a unirse a la causa nazi, pero antes de llegar a este punto, Hitler consiguió tropas reintroduciendo el servicio militar obligatorio. El anuncio de la conscripción se hizo el 16 de marzo de 1935.

Hitler declaró sus planes para el programa de rearme de Alemania y la necesidad de aumentar el ejército alemán a más de medio millón de soldados. El ejército alemán también pasaría a llamarse Wehrmacht, y el Alto Mando de la Wehrmacht sería responsable de supervisar la fuerza aérea, el ejército y la marina.

Cuando los líderes mundiales empezaron a cuestionar los movimientos de Hitler, este les aseguró que lo hacía con fines defensivos y que lo único que Alemania quería era la paz. Por supuesto, esto no era cierto. Un año después de reintroducir el servicio militar obligatorio, la zona de amortiguamiento entre Francia y Alemania estaba repleta de soldados alemanes.

Los cielos de Renania —la zona colchón— estaban cubiertos de aviones de combate alemanes. Los generales de Hitler se sentían nerviosos y preocupados por la posibilidad de que Francia o Gran Bretaña se opusieran, ya que esto suponía una violación directa del Tratado de Versalles. Hitler supuso correctamente que no harían nada.

Durante los tres años siguientes, Hitler esperó su momento. Construyó sus ejércitos mediante el reclutamiento. Entre 1935 y 1939, 1,3 millones de hombres fueron reclutados, y otros 2,4 millones se alistaron voluntariamente, incluidas mujeres. Más de medio millón de mujeres fueron auxiliares uniformadas voluntarias en la Wehrmacht. Otras voluntarias sirvieron en defensa aérea, enfermería y otras unidades.

Cuando Hitler se sintió preparado, atacó.

Estados Unidos

En Estados Unidos, la conscripción se conoce normalmente como «el servicio militar obligatorio» y se ha utilizado un total de seis veces a lo largo de la historia en conflictos importantes, como la guerra de Secesión y la Primera Guerra Mundial.

En 1940, tras la exitosa invasión alemana de Francia, el consenso general entre los estadounidenses era que los jóvenes debían ser reclutados y empezar a entrenarse por si acaso. Aunque el gobierno no estaba interesado en declarar la guerra, seguía existiendo la preocupación de que EE. UU. pudiera estar en peligro.

Franklin D. Roosevelt firmó la Ley de Entrenamiento y Servicio Selectivo, que obligaba a los hombres de entre veintiuno y treinta y cinco años a inscribirse. El plan era limitar el número de reclutas a 900.000 hombres, y solo tendrían que servir durante un año a menos que algo cambiara. La fecha inicial de un año se modificaría una vez que la guerra estuviera en marcha.

El alistamiento voluntario se cerró mediante la Orden Ejecutiva 9279 un año después de Pearl Harbor. En su lugar, el ejército eligió tropas del Sistema de Servicio Selectivo.

El reclutamiento estuvo activo de 1940 a 1946 y tuvo un gran éxito, con 49 millones de hombres que se inscribieron para el servicio en el transcurso de la guerra. Más de 10 millones de hombres pasaron al servicio militar activo.

Cartel de la Segunda Guerra Mundial en EE. UU. animando a la gente a alistarse
https://commons.wikimedia.org/wiki/File:J._M._Flagg,_I_Want_You_for_U.S._Army_poster_(1917).jpg

Gran Bretaña

El servicio militar obligatorio se impuso en Gran Bretaña inmediatamente después de que el país declarara la guerra a Alemania. Pocas horas después de la declaración, el Parlamento aprobó la Ley del Servicio Nacional (Fuerzas Armadas), que obligaba a los hombres de entre dieciocho y cuarenta y un años a alistarse en el ejército.

Había, por supuesto, algunas excepciones. Por ejemplo, los hombres físicamente incapacitados para combatir estaban exentos. Los hombres que tenían trabajos esenciales también estaban exentos. La ley supuso un aumento significativo del número de tropas británicas.

Dos años después de la aprobación de la primera Ley de Servicio Nacional, el Parlamento aprobó otra, esta vez dirigida a las mujeres de entre veinte y treinta años. La práctica del servicio militar obligatorio en Gran Bretaña terminó en 1963 y ya no se utiliza.

Capítulo 7: La guerra en el cielo

La aviación desempeñó un papel enorme en la Segunda Guerra Mundial. En muchos sentidos, fue la primera guerra aérea. Las aeronaves colaboraron y apoyaron a las fuerzas navales y terrestres, y sirvieron para una gran variedad de propósitos, además de lanzar bombas sobre las ciudades.

En este capítulo veremos el papel de la aviación en la guerra y cómo la utilizaron ambos bandos. También examinaremos brevemente los diferentes grupos de la fuerza aérea.

Luftwaffe

La Luftwaffe era la rama aérea de Alemania y se creó antes del comienzo de la Segunda Guerra Mundial. La anterior fuerza aérea alemana había sido desmantelada, según las condiciones del Tratado de Versalles.

Cuando Hitler llegó al poder, restableció la fuerza aérea. La Luftwaffe pasó a depender del Alto Mando de la Wehrmacht.

En 1939, la Luftwaffe era extremadamente avanzada. Cuando Polonia fue invadida, pronto se hizo evidente la superioridad de la Luftwaffe.

Las invasiones de Noruega y Francia tuvieron éxito gracias a la contribución de la Luftwaffe; de hecho, la Luftwaffe ayudó a conseguir a Alemania más de setenta mil victorias aéreas durante la guerra. La Luftwaffe bombardeó objetivos militares y no militares, provocando la muerte de miles de civiles inocentes. La más afectada fue la Unión Soviética.

Sin embargo, a medida que avanzaba la guerra, la Luftwaffe se debilitaba visiblemente y empezaba a perder su superioridad. Su eficacia también empezó a disminuir constantemente. Tras una pérdida especialmente espectacular durante la Operación Bodenplatte (una operación dirigida a los Países Bajos, Francia y Bélgica) el 1 de enero de 1945, la Luftwaffe dejó de considerarse útil o eficaz.

Uno de los principales defectos de la Luftwaffe era la falta de un sistema de defensa aérea sólido. La guerra en Alemania comenzó antes de que las defensas de la Luftwaffe estuvieran completas. Esto significaba que tenía que desarrollar defensas sobre la marcha mientras luchaba en una guerra. También hubo una problemática falta de comunicación entre las distintas ramas de vuelo, lo que, a su vez, dio lugar a una mala coordinación.

Poco más de un año después de la invasión de Polonia, la Luftwaffe sufría grandes pérdidas. Necesitaban urgentemente nuevos aviones, pero se encontraban con problemas de producción, en parte debido a una mala planificación y en parte a la falta de recursos. Alemania no pudo seguir desarrollando la tecnología, de nuevo debido a problemas de suministro y a la falta de acceso a materias primas como el aluminio o el petróleo. Esto dificultó enormemente el esfuerzo bélico.

La Luftwaffe desempeñó un papel bastante siniestro en los campos de concentración, concretamente en Auschwitz y Dachau, donde los prisioneros eran utilizados como sujetos de experimentos para la Luftwaffe. Por ejemplo, en uno de los experimentos se utilizó a los prisioneros para averiguar a qué altitud se podía expulsar a alguien de su asiento sin peligro.

Cuando finalmente terminó la guerra, varios comandantes de la Luftwaffe fueron juzgados por los crímenes que habían cometido durante la guerra.

De forma similar a los kamikazes japoneses, un grupo especial de la Luftwaffe llamado *Sonderkommando* llevó a cabo ataques aéreos en los que se utilizaron aviones a propósito para atacar a bombarderos aliados en pleno vuelo, haciéndolos explotar. La mayoría de las veces, los pilotos de estas misiones morían.

Servicio Aéreo de la Armada Imperial Japonesa

La fuerza aérea japonesa se denominó Servicio Aéreo de la Armada Imperial Japonesa (IJAAS). Aunque la aviación japonesa desempeñó un papel en la Primera Guerra Mundial, el gobierno japonés no empezó a tomarse en serio el desarrollo de la aviación militar hasta que terminó la guerra. Rápidamente se dieron cuenta de lo ventajoso que sería desarrollar nuevas tecnologías, así que se pusieron manos a la obra.

En 1916 se construyó una fábrica de aviones. Al principio, Japón recurría a los servicios de personas como el Dr. Richard Vogt, un ingeniero de Alemania, para que creara diseños para ellos.

Bombarderos Mitsubishi Ki-21-II de la Fuerza Aérea Imperial Japonesa
https://commons.wikimedia.org/wiki/File:Mitsubishi_Ki_21-2s.jpg

A finales de la década de 1920, ya producían sus propios diseños y, varios años después, habían creado una extensa colección de aviones.

La Fuerza Aérea Imperial fue reconocida como una rama distinta pero igual a las otras ramas militares del Ejército Imperial: la caballería, la infantería y la artillería.

En 1941, cuando la Segunda Guerra Mundial ya estaba en marcha, las Fuerzas Aéreas Imperiales japonesas contaban con 1.500 aviones y el país no dejaba de desarrollar nuevas tecnologías. Los aviones que utilizaban en combate eran máquinas increíblemente avanzadas. Utilizaban cazas, bombarderos, transportes, entrenadores y aviones de reconocimiento, por nombrar algunos.

Uno de los aspectos más mortíferos de la fuerza aérea japonesa eran los pilotos kamikaze. A estos pilotos se les encomendaba esencialmente una misión suicida y se los utilizaba para destruir puestos importantes. Fueron utilizados más ampliamente por Japón hacia el final de la guerra.

A pesar de que Japón comenzó fuerte, la fuerza aérea japonesa fue incapaz de mantener el impulso. No tenían suficientes aviones. La mala planificación y la limitada cooperación entre el ejército, la armada y las fuerzas aéreas también contribuyeron a los fracasos de Japón a medida que avanzaba la guerra.

Al igual que Alemania, Japón tenía dificultades de producción. No podían reemplazar los aviones con la rapidez suficiente para compensar sus grandes pérdidas. Tampoco tenían suficientes pilotos para tripular los aviones. Y a medida que los pilotos existentes empezaban a morir o resultar heridos en combate, su situación empeoraba.

Las dificultades para encontrar recursos, como combustible y mecánicos, tampoco ayudaron.

Una vez perdida la guerra y derrotado Japón, se disolvieron la Fuerza Aérea Imperial, la armada y el ejército.

Fuerzas Aéreas Soviéticas

La Unión Soviética era muy fuerte y capaz en muchos frentes; sin embargo, su fuerza aérea no era uno de ellos. De hecho, los soviéticos tenían una de las fuerzas aéreas más débiles, lo cual es irónico dado que, en 1938, la fuerza aérea de la Unión Soviética era la más grande del mundo. Sin embargo, los aviones estaban mal diseñados, no eran los más avanzados tecnológicamente y no estaban preparados para una guerra en modo alguno.

Los ingenieros soviéticos se habían centrado más en crear aviones bombarderos, que eran ruidosos, vistosos y podían volar muy lejos, en lugar de desarrollar aviones que fueran buenos para la guerra táctica.

Además de los bombarderos y los aviones de ataque, las Fuerzas Aéreas soviéticas contaban con cazas, aviones de transporte, entrenadores y aviones de reconocimiento y patrulla. Pero ninguno de estos aviones era especialmente avanzado. El propio Stalin admitió a principios de la década de 1930 que el ejército soviético llevaba décadas de retraso en términos de modernización.

El avión Yak 9
Kogo, CC BY-SA 2.5 <https://creativecommons.org/licenses/by-sa/2.5>, vía Wikimedia Commons; https://commons.wikimedia.org/wiki/File:Yak_9_1.jpg

Como resultado de esta mala planificación y organización, la Unión Soviética no estaba preparada para la invasión alemana de 1941. Una semana después de la invasión, unos cuatro mil aviones soviéticos habían sido diezmados por la Luftwaffe.

Los soviéticos también experimentaron una importante falta de pilotos y otras tripulaciones de apoyo para tripular los aviones. Durante la guerra se creó un programa que permitía a las mujeres con experiencia o formación previa en vuelo participar en combates aéreos.

Cuando se puso en marcha la Ley de Préstamo y Arriendo en marzo de 1941, los soviéticos pudieron recibir aviones fabricados en Estados Unidos. Recibieron casi quince mil aviones en el marco del programa. Estos aviones, mucho más sofisticados y potentes, fueron de gran ayuda para el ejército soviético durante la guerra.

La Unión Soviética también comenzó a aumentar su producción de aviones. Como resultado, entre 1941 y 1945 produjo más de 157.000 unidades, la mayoría de los cuales fueron construidos para el combate.

Tras el fin de la guerra y el comienzo de la Guerra Fría, la Unión Soviética se centró en la creación y el desarrollo de las tecnologías más nuevas y avanzadas para su ejército, haciendo hincapié en sus aviones.

Fuerzas Aéreas del Ejército de Estados Unidos (AAF)

Las AAF se crearon el 20 de junio de 1941 y dependían del Ejército de Estados Unidos. La AAF era el servicio de guerra aérea del país, y se disolvió tras el final de la guerra.

En 1938, la Luftwaffe alemana empezó a desempeñar un papel más destacado apoyando a las fuerzas terrestres en la Checoslovaquia y los Sudetes ocupados por Alemania. El presidente Franklin D. Roosevelt se dio cuenta de que Europa podía verse arrastrada a otra guerra y de que quizá Estados Unidos tuviera que involucrarse. Para ganar la guerra, Estados Unidos necesitaría una fuerza aérea potente.

Un año después, Roosevelt recibió 300 millones de dólares para crear un cuerpo aéreo. Cuando Hitler comenzó sus invasiones en Europa, el cuerpo aéreo comenzó a expandirse rápidamente, a medida que se establecían nuevas bases en Estados Unidos y en el extranjero.

La fuerza aérea disponía de una amplia colección de diversos aviones para diferentes misiones y propósitos. Los más utilizados en combate incluían aviones bombarderos; aviones de combate; aviones de observación, transporte y entrenamiento; y aviones utilitarios, planeadores y de rescate.

La AAF estaba extremadamente organizada y, a lo largo de la guerra, se hizo más fuerte y poderosa. En un periodo de tres años (de 1942 a 1945), Estados Unidos produjo casi 275.000 aviones. Esta cifra era superior al total de aviones producidos por Japón, Alemania y Gran Bretaña.

Desde el momento en que EE. UU. se unió a la guerra hasta el final, la AAF desempeñó un papel fundamental para ayudar a ganar batallas y victorias. Lanzaron bombas, llevaron a cabo incursiones aéreas, participaron en combates aéreos, llevaron suministros para las tropas de tierra, defendieron los aires y prestaron apoyo al respaldo naval y terrestre.

Durante el Día D, las AAF desempeñaron un papel importante al despejar el camino para que las tropas desembarcaran e invadieran Normandía. Para reducir la fatiga del combate, la AAF se aseguró de reemplazar y rotar a las tripulaciones con frecuencia para dar un descanso a sus pilotos y al personal aéreo.

La organización, la comunicación, la tripulación experimentada y la capacidad de producir cientos de aviones de la AAF la convirtieron en la fuerza aérea más poderosa y superior en el campo de batalla. Con la ayuda de la AAF, los Aliados acabaron disponiendo de una fuerza aérea mucho más destructiva. En 1947, Estados Unidos crearía una fuerza aérea permanente.

La Royal Air Force (RAF)

La fuerza aérea de Gran Bretaña se llama Royal Air Force o RAF para abreviar. Se creó en 1918 y, al final de la Primera Guerra Mundial, la RAF se había convertido en la mayor fuerza aérea del mundo. Durante la Segunda Guerra Mundial, la RAF desempeñó un papel muy importante, especialmente durante la batalla de Inglaterra.

El Supermarine Spitfire Mk XVI NR
ChowellsReducción de ruido y sombras por Diliff., CC BY-SA 2.5
<https://creativecommons.org/licenses/by-sa/2.5>, vía Wikimedia Commons;
https://commons.wikimedia.org/wiki/File:Supermarine_Spitfire_Mk_XVI_NR.jpg

Antes del comienzo de la Segunda Guerra Mundial y durante la misma, la RAF se amplió considerablemente. Al igual que la mayoría de los países implicados en la guerra, la RAF contaba con cazas y bombarderos, cazatorpederos y de picado, bombarderos rasantes, aviones de patrulla y reconocimiento, entrenadores y aviones de transporte.

Durante la guerra, uno de los principales objetivos de la RAF fue una campaña de bombardeo ofensivo contra Alemania. La RAF quería asegurarse de que Alemania se debilitara y no pudiera luchar con la misma eficacia. Las contribuciones de la RAF a la guerra ayudaron a los Aliados a obtener numerosas victorias y, en última instancia, a poner fin a la guerra.

La contribución de la RAF también incluyó a mujeres pilotos de caza que se unieron al esfuerzo bélico. En enero de 1940, solo ocho mujeres formaban parte del esfuerzo, pero en muy pocos años, más de 165 mujeres pilotos volaban aviones de combate y spitfires.

La batalla de Inglaterra

La mayor victoria de la RAF durante la guerra fue probablemente la batalla de Inglaterra, que ganó sin ayuda de nadie.

Tras una serie de impresionantes victorias alemanas, incluida la caída de Francia, Hitler puso sus ojos en Gran Bretaña y la invadió en julio de 1940. Esperaba una victoria rápida.

Sin embargo, la RAF logró defender con éxito Gran Bretaña de los incesantes bombardeos y ataques aéreos de la Luftwaffe. Sin importar lo que hicieran los alemanes, la superioridad de los aviones y las estrategias de la RAF no pudieron ser superadas. Más de 1.700 aviones de la Luftwaffe fueron derribados por la RAF. Esta perdió unos 1.250 aviones.

Cuando Alemania empezó a perder aviones a un ritmo alarmante, Hitler se vio obligado a rendirse y desviar su atención a otra parte. La batalla terminó el 31 de octubre. Esta sería la primera derrota seria para Alemania, que hasta entonces solo había saboreado el éxito. La Luftwaffe nunca fue capaz de recuperarse de estas pérdidas. Si la RAF hubiera fracasado, es casi seguro que Alemania habría invadido y ocupado Gran Bretaña como hizo con Francia.

Capítulo 8: La guerra en los medios de comunicación

Propaganda

Independientemente del bando en el que se estuviera, la propaganda utilizada para reclutar a la gente era similar. Cada bando tenía fuertes creencias ideológicas, y cada uno presentaba al otro bando como el enemigo.

Propaganda nazi

Una de las herramientas más poderosas e importantes en el meteórico ascenso al poder de Adolf Hitler fue la propaganda. Él y el Partido Nazi la utilizaron de forma extremadamente eficaz, legitimando al partido y aumentando el número de sus miembros. El hábil uso de la propaganda es lo que ayudó a Hitler a ser elegido, y es lo que utilizó para convertirse finalmente en dictador.

Para conectar con las masas, Hitler se centró en transmitir mensajes claros y sencillos que atrajeran al gran público explotando sus miedos. El momento elegido por Hitler fue impecable, ya que la economía alemana se había hundido. En todo el mundo se vivía la Gran Depresión, pero Alemania se vio gravemente afectada por las condiciones impuestas por el Tratado de Versalles.

Por ejemplo, uno de los mensajes de Hitler dirigido a la clase obrera era «Pan y trabajo». Este mensaje aprovechaba los temores y la inestabilidad de la gente en torno a la falta de empleo, los salarios y la escasez de alimentos.

Otro mensaje, «Madre e hijo», mostraba cuál era la idea nazi de la mujer.

Uno de los asesores de mayor confianza de Hitler era Joseph Goebbels. Se unió al partido muy pronto, lo hizo en 1924. Goebbels se convertiría en la fuerza detrás de la exitosa maquinaria propagandística nazi. Tuvo tanto éxito que se convirtió en ministro de Propaganda en 1933.

Goebbels utilizó una combinación de varios tipos de medios, como el arte, los carteles, el cine, la música, la radio y los periódicos. Trabajó duro para llegar al máximo número de personas. También empezó a crear cuidadosamente la imagen de Hitler, convirtiéndolo casi en un líder mítico, fuerte y poderoso. Un líder que sería el salvador de Alemania, que ayudaría al país a recuperarse.

Hitler prometió puestos de trabajo y recuperación económica y aseguró al pueblo que Alemania volvería a levantarse con su mano al timón.

Como se puede imaginar, el «mito de Hitler» tuvo mucho éxito y fue muy eficaz.

Los métodos de propaganda que llevaron a Hitler al poder se utilizaron más tarde para presentar al pueblo judío como el enemigo, un enemigo que sería la perdición de Alemania.

Hitler reconoció el papel clave que desempeñó la propaganda en su ascenso. Una vez que se convirtió en canciller de Alemania, estableció el Ministerio de Ilustración Pública y Propaganda. Esto en sí mismo fue un movimiento brillante, ya que los gobiernos normalmente solo organizaban comités para difundir propaganda cuando estaban en guerra. Al establecer el ministerio en tiempos de paz, Hitler legitimó aún más lo que estaba haciendo.

Goebbels, que fue puesto al frente del ministerio, imaginó Alemania como un enorme imperio con control absoluto sobre la educación y las creencias de la población, así como sobre los medios de comunicación. Utilizó la rabia que la mayoría de los alemanes sentían por su derrota en la Primera Guerra Mundial y enfatizó el orgullo nacional.

En palabras del propio Goebbels: «La esencia de la propaganda consiste en ganarse a la gente para una idea de forma tan sincera, tan vital, que al final sucumban por completo y nunca más puedan escapar de ella»[8].

Uno de los primeros movimientos del Ministerio de Propaganda fue hacerse con el control del gremio que permitía a periodistas y redactores conseguir trabajo. El 4 de octubre de 1933, tras hacerse con el control de la Asociación de la Prensa Alemana del Reich, se aprobó sin protestas una nueva ley que obligaba a todos los periodistas y redactores a ser de raza pura. La Ley de Redactores sería el inicio de una larga campaña que desterró a los judíos de casi todos los aspectos de la sociedad alemana.

Bajo el gobierno del ministerio, la prensa tenía que seguir los mandatos y las leyes aprobadas por el ministerio. La prensa no podía imprimir ni publicar nada que pudiera hacer que el régimen de Hitler pareciera débil ante el pueblo alemán o el mundo. Las noticias se controlaban aún más cuando desde Berlín se emitían directrices diarias sobre lo que se debía escribir y cómo se debía escribir, y se enviaban a las oficinas de los periódicos locales.

¿Qué ocurría si alguien desafiaba estas directrices? Se lo enviaba a un campo de concentración. En poco tiempo, todo el mundo hacía exactamente lo que se le ordenaba. Los periódicos de la oposición fueron clausurados por la fuerza, y los medios de comunicación y editoriales propiedad de judíos fueron retirados y entregados a alemanes «racialmente puros». En pocos meses, la idea de una prensa libre se había evaporado. Los nazis lo controlaban todo, desde la radio hasta el teatro, y utilizaban todos estos medios para promover sus ideologías y creencias.

Durante la guerra, los nazis utilizaron ampliamente la propaganda para presentar al ejército alemán como una fuerza valiente, poderosa y conquistadora que luchaba por la nacionalidad alemana. Por el contrario, las tropas soviéticas eran presentadas como máquinas despiadadas e inhumanas que no sentían miedo. Las potencias aliadas eran unos cobardes desorientados que no sabían lo que hacían.

Con el tiempo, se lavó el cerebro a la gente para que creyera que todo eso era cierto. Y lo que es aún más horrible, la mayoría creía que los judíos eran malvados y no merecían vivir. La propaganda nazi fomentó y encendió el odio en los corazones de la gente hacia los judíos y otros que no eran de raza aria.

---

[8] "World War II Propaganda". https://www.pbs.org/wgbh/americanexperience/features/goebbels-propaganda/.

Por eso, cuando cientos de miles de judíos, romaníes, prisioneros de guerra soviéticos y otras víctimas de los nazis fueron enviados a campos de concentración, la mayoría de la gente se mostró indiferente o se sintió aliviada. Muy poca gente tuvo el valor de luchar contra lo que los nazis estaban transmitiéndoles.

La «tarea de la propaganda no es hacer un estudio objetivo de la verdad, en la medida en que favorezca al enemigo, y exponerla luego ante las masas con imparcialidad académica; su tarea es servir a nuestro propio derecho, siempre y sin flaquear»[9]. Esto lo escribió Hitler en su libro *Mein Kampf*, y capta perfectamente lo que hicieron los nazis y por qué lo hicieron. Tergiversaron los medios de comunicación y utilizaron la propaganda para servir a la causa de Hitler.

Propaganda británica

Cuando estalló la Segunda Guerra Mundial, Gran Bretaña restableció una vez más el Ministerio de Información que se había creado para la Primera Guerra Mundial. El propósito del ministerio era crear propaganda que uniera a la población y proporcionara apoyo a las tropas y al esfuerzo bélico.

Al igual que Alemania, Gran Bretaña también utilizó una mezcla de medios modernos y tradicionales, como películas y folletos. Aunque gran parte de la propaganda estaba llena de hostilidad hacia las potencias del Eje, especialmente Alemania, los temas generales de los anuncios o carteles eran más positivos o motivadores que los publicados por Goebbels. Se hacía hincapié en apoyar a los Aliados, luchar por la libertad y ser valiente. Cada civil debía poner de su parte para ayudar al esfuerzo bélico.

Se animaba a la gente a ser frugal, a cultivar verduras y a ofrecerse voluntaria para trabajos que pudieran hacerse dentro del país. Se empujaba a las mujeres a alistarse en el Ejército de Tierra o en el ATS (Servicio Territorial Auxiliar) o a trabajar en fábricas de municiones. En resumen, se hacía sentir a todo el mundo que tenía un papel que desempeñar durante la guerra, ya fuera en el frente o en casa, y que ganar la guerra dependía de la unión de todos.

---

[9] "Hitler on Propaganda". http://fcit.usf.edu/holocaust/resource/document/docpropa.htm.

Cartel de propaganda británica animando a las mujeres a unirse al esfuerzo bélico
https://commons.wikimedia.org/wiki/File:Kriegsplakate_6_db.jpg

Gran parte de la propaganda se dedicó a hacer que la gente se sintiera bien con el esfuerzo bélico. Cada derrota alemana y cada victoria de las fuerzas británicas se anunciaban con alegría para levantar la moral del país y asegurar a la gente que los Aliados iban por el buen camino. Independientemente de lo que ocurriera, la propaganda británica intentaba centrarse en lo positivo. Cuando la marea empezó a cambiar a favor de los Aliados, la propaganda británica y los comentarios radiofónicos se volvieron aún más inspiradores.

Gran parte de la información del gobierno sobre la guerra se transmitía a través de la propaganda, como por ejemplo animar a los niños a alejarse de la ciudad y cómo mantenerse a salvo durante un apagón o un ataque aéreo.

Y, por supuesto, estaba la propaganda relacionada con la razón por la que los británicos luchaban en la guerra. La cuestión se describía de forma sencilla: era una lucha entre la luz y la oscuridad, el bien y el mal.

Hitler era un mal que había que erradicar, y los Aliados eran los responsables de hacerlo, no solo para ayudarse a sí mismos, sino también para salvar al mundo. A medida que avanzaba la guerra, el tono cambió. Las imágenes y los relatos de la guerra se hicieron más siniestros para aumentar la antipatía y el odio hacia los alemanes y las potencias del Eje.

Propaganda británica sobre Hitler
https://commons.wikimedia.org/wiki/File:INF3-238_Anti-rumour_and_careless_talk_Mr._Hitler_wants_to_know.jpg

El sentimiento hacia los japoneses fue moderado. Aunque sus acciones en el Pacífico se consideraban deplorables, los alemanes seguían siendo el principal blanco del odio. Sin embargo, a la hora de reclutar tropas africanas, la propaganda británica puso mayor énfasis en el sentimiento antijaponés, ya que era la amenaza más inminente para ellos. Los italianos tampoco se enfrentaron al mismo tipo de ira que los alemanes.

La propaganda británica también creó campañas específicas para reforzar la opinión pública sobre los demás Aliados. Por ejemplo, después de la batalla de Stalingrado, los británicos publicaron folletos y carteles sobre la gran victoria de la Unión Soviética, pintando a los soviéticos de forma muy favorable.

Gran parte de la propaganda iba dirigida a Estados Unidos con un objetivo en mente: que se unieran a la guerra. Los británicos se cuidaron de no presentarla como propaganda, sino como reportajes e información. Aunque Franklin D. Roosevelt estaba deseoso de unirse al esfuerzo bélico, el público estadounidense no quería tener nada que ver con ello. Tanto FDR como el gobierno británico esperaban que la cobertura informativa de las batallas y de la situación en Europa influyera en la opinión pública.

En resumen, los británicos utilizaron la propaganda de forma hábil para reforzar la moral, obtener apoyo internacional y proporcionar esperanza, al tiempo que se aseguraban de que la gente supiera exactamente quién era su enemigo.

Propaganda estadounidense

Como ya se ha mencionado, el presidente Franklin D. Roosevelt estaba deseoso de unirse a la guerra, pero después de haber luchado en la Primera Guerra Mundial, la mayoría de los estadounidenses no tenían ningún deseo de involucrarse en lo que consideraban otro problema europeo.

Mientras que los británicos habían empezado a utilizar la propaganda para hacer cambiar de opinión a los estadounidenses, el gobierno estadounidense era reacio a utilizar cualquier tipo de propaganda, incluso después de unirse oficialmente a la guerra en 1941. Esta mentalidad acabó cambiando debido a la creciente presión de una serie de industrias que querían directrices más claras, incluidas las empresas y los medios de comunicación. Cuando el gobierno empezó a utilizar la propaganda, quería tener claro que los materiales se utilizarían para proporcionar información al público.

La propaganda se utilizó con eficacia para despertar la simpatía del público hacia las fuerzas aliadas e infundir en él el deseo de apoyarlas. Se utilizaron todo tipo de medios de comunicación para encender el odio hacia Alemania y las demás potencias del Eje.

Los medios de comunicación preferidos por Estados Unidos parecían ser los carteles, siendo el país que más carteles produjo de todos los que participaron en la guerra. Se diseñaron e imprimieron casi 200.000 carteles únicos, la mayoría con mensajes de apoyo y ánimo. Por ejemplo, Estados Unidos hizo carteles de Rosie la Remachadora, que se suponía que representaba a las mujeres que se incorporaban al trabajo.

La mujer de este cartel nunca fue identificada como Rosie la Remachadora durante la guerra, aunque hoy en día muchos estadounidenses la llaman erróneamente por ese nombre. El cartel no se convirtió en el famoso símbolo que es hoy hasta la década de 1960
https://en.wikipedia.org/wiki/File:We_Can_Do_It!_NARA_535413_-_Restoration_2.jpg

En el país se publicaron anuncios para diversas causas, como la venta de bonos de guerra, el fomento de la producción en las fábricas y la exhortación a todos a contribuir con lo que pudieran al esfuerzo bélico. Estos anuncios fueron un factor clave para mantener la moral pública.

El tema principal de la mayor parte de la propaganda estadounidense era el patriotismo. Se presentaba a los Aliados como el bando «correcto», mientras que las potencias del Eje parecían criaturas débiles y cobardes a las que no se podía tomar en serio. A menudo se ridiculizaba a Hitler y se lo describía como un hombre insensato condenado al fracaso. El Partido Nazi fue retratado como el mal supremo, peor que cualquier cosa que alguien pudiera imaginar.

Al igual que Gran Bretaña, el sentido de la guerra se simplificó al bien contra el mal. El presidente Roosevelt quería especialmente que la gente comprendiera la catástrofe que supondría que Europa y Asia estuvieran gobernadas por dictadores.

En 1942 se creó la Oficina de Información de Guerra. Esta agencia se encargaría de la propaganda en las películas de Hollywood y otros medios de comunicación.

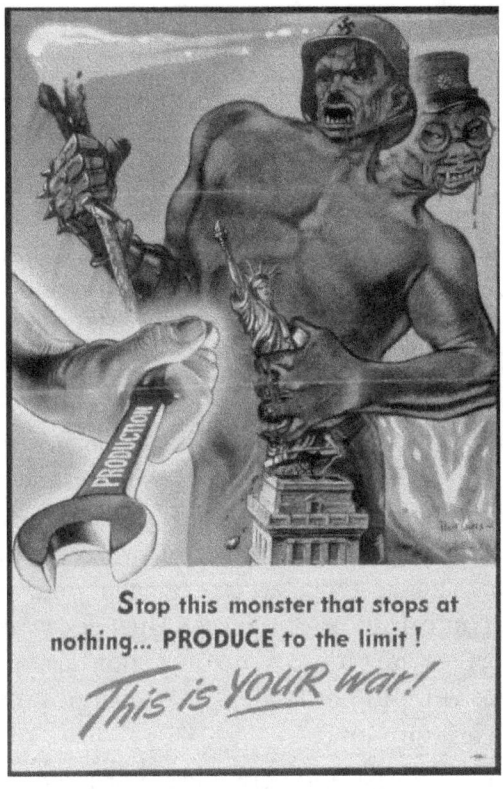

Cartel de propaganda estadounidense
https://commons.wikimedia.org/wiki/File:STOP_THIS_MONSTER_THAT_STOPS_AT_NOTHING._PRODUCE_TO_THE_LIMIT._THIS_IS_YOUR_WAR._-_NARA_-_513557.jpg

Otra organización que se creó para producir y publicar propaganda fue la Junta de Escritores de Guerra. La Junta estaba estrechamente vinculada a la administración del presidente Roosevelt y establecía un vínculo entre los escritores y el gobierno. A menudo, los escritores eran mucho más mordaces y adoptaban un enfoque más audaz que el gobierno.

Los guionistas de cómics también se implicaron en la guerra para que la gente se decantara por el bando «correcto». Los superhéroes luchaban ahora contra villanos reales en lugar de ficticios.

La publicidad desempeñó un papel importante en la propaganda de guerra. Las empresas y los grandes negocios utilizaron la guerra para promocionar su propia marca y lo que hacían. Los anuncios apoyaban la guerra o mostraban la contribución de una empresa al esfuerzo bélico. Las empresas que encontraban la forma de vincular sus productos a la guerra lo hacían. Por ejemplo, Coca-Cola anunciaba que sus productos eran consumidos por los trabajadores de las fábricas y las tropas. Anuncios como este apoyaban la guerra y eran buenos para el negocio. A los soldados en el frente también les gustaba recibir revistas llenas de coloridos anuncios. Todos salían ganando.

Eficacia de los medios de comunicación

En general, la propaganda se difundía principalmente a través de los medios de comunicación modernos y tradicionales, como programas de radio, periódicos, revistas, películas y carteles. En una época en la que no todo el mundo estaba expuesto a los medios de comunicación o tenía acceso a ellos, el boca a boca desempeñaba un papel importante.

Los medios de comunicación eran extremadamente eficaces a la hora de transmitir las ideologías y creencias de los gobiernos y líderes de turno. Esto era especialmente cierto en el caso del Partido Nazi. Los nazis controlaban absolutamente todos los medios de comunicación y tenían un poder absoluto sobre lo que la población veía o dejaba de ver. La población alemana apenas tenía acceso a nada más allá de lo que le contaba el Estado controlado por los nazis. Años de lavado de cerebro por la propaganda nazi es una de las razones por las que nadie parecía particularmente horrorizado por la idea de los campos de concentración o la idea de una raza aria suprema.

Para los Aliados, la propaganda era eficaz porque describía claramente un «mal» que debía ser combatido por los «buenos». Ayudó a recabar la simpatía y el apoyo de la población y aumentó el número de voluntarios. Los hombres se sintieron obligados a defender a inocentes y a librar al mundo de una presencia maligna. Las mujeres también se sintieron inspiradas para pasar a la acción.

Por supuesto, casi toda la propaganda tenía algo de falso. La propaganda nazi, por ejemplo, se basaba casi por completo en mentiras e invenciones. La propaganda aliada era más veraz y objetiva; sin embargo, para mantener la moral en casa, se esforzaban por dar un giro positivo a lo que ocurría en el frente. La mayoría de la gente que estaba alejada de la guerra no tenía ni idea de los horrores reales que sufrían los que estaban en el campo de batalla. En Estados Unidos, la guerra se presentaba a menudo de forma heroica y glorificada.

En Europa, los civiles vivían ataques y bombardeos nocturnos, por lo que sabían que no era así. Las cartas enviadas por los soldados en el frente también ofrecían una imagen diferente. Por ejemplo, un soldado en el frente describió en una carta a casa:

«Nuestra primera evidencia de la batalla real es cualquier cosa menos poética. Detrás de un seto en forma de muro hay una serie de trincheras abandonadas, cada una rodeada de cartones de ración K usados, latas, casquillos vacíos y heces humanas secas. Esta ha sido la línea del frente. Es elocuente de una nueva realidad, las heces quizás lo más elocuente. No había tiempo para hacer tus necesidades tranquilamente, cubrir tu depósito después, y no existían sutilezas como el papel higiénico. Como un animal que teme por su vida, saltas de tu agujero, excretas y vuelves a entrar. Los muertos y heridos habían sido trasladados a la retaguardia mucho antes de que pasáramos. Los sanos habían avanzado mientras nosotros avanzábamos. Los que podían se habían adelantado mientras nosotros avanzábamos. De nuevo el coraje y la sangre de otros allanaron el camino»[10].

Por el contrario, los soldados eran reacios a desnudar los verdaderos horrores de la guerra ante sus seres queridos y a menudo no mencionaban nada negativo en absoluto. Intentaban escribir cartas valientes, alegres y positivas. Lo que sigue es un ejemplo de este tipo de carta del soldado Harry Schiraldi:

«Querida mamá: Solo unas líneas esta noche para hacerte saber que estoy bien y espero que todos en casa gocen de la mejor salud. Acabo de terminar de jugar al béisbol y me he dado una buena ducha y ahora me encuentro muy bien. Espero que todo vaya bien en casa y no olvides que si alguna vez necesitas dinero puedes canjear mis bonos de guerra por lo que quieras. Esta tarde he ido a la iglesia y hoy he vuelto a comulgar. Me estoy santiguando, ¿verdad?»[11].

Henry murió al día siguiente, el Día D, cuando una ametralladora enemiga le disparó en las playas de Normandía.

Dejando a un lado la propaganda, los medios de comunicación y las

---

[10] "Letters from the Front". https://www.pbs.org/wgbh/americanexperience/features/dday-letters-front/.
[11] Sharmi, Swati. "A U.S. Soldier's Last Letter Home before He Died on D-Day". https://www.washingtonpost.com/news/worldviews/wp/2014/06/05/a-u-s-soldiers-last-letter-home-before-he-died-on-d-day/.

cartas, los verdaderos horrores de la guerra solo se revelaron realmente una vez finalizada. Las terribles verdades quedaron al descubierto entre los escombros, los muertos y los campos de concentración.

Cada bando hizo lo que tuvo que hacer para conseguir apoyo para su causa, y lo hizo con gran eficacia.

Tercera parte:
Ideología y participación

A primera vista, la Segunda Guerra Mundial consistía en derrotar a Adolf Hitler y al Partido Nazi. Pero cuando se profundiza un poco más, se puede ver cómo las principales potencias estaban motivadas y dirigidas por sus principales creencias ideológicas.

No fue solo una guerra ideológica. Como ya se comentó en la primera parte, hubo muchos otros factores que condujeron a la guerra y contribuyeron a ella. Sin embargo, hubo numerosas ideologías en juego que tuvieron una influencia significativa e importante en el esfuerzo bélico, en particular el fascismo, el nazismo, el comunismo, el nacionalismo y la democracia.

En los próximos capítulos examinaremos hasta qué punto estas ideologías influyeron en el curso de la guerra.

Capítulo 9: El nazismo, Hitler y los campos de exterminio

¿Qué es el nazismo?

El nacionalsocialismo, también conocido como nazismo, fue un movimiento totalitario con Adolf Hitler a la cabeza. Tenía muchos puntos en común con el fascismo italiano. Ambos movimientos apelaban a las masas, estaban dirigidos por un dictador que ejercía un control absoluto y se centraban en un nacionalismo intenso. Sin embargo, el nazismo era más extremo. En muchos sentidos, el nazismo era el hermano más joven, más radical y más violento del fascismo.

Las raíces del nazismo se remontan mucho más atrás que Hitler y pueden vincularse parcialmente hasta la década de 1680. Sin embargo, para el propósito de este libro, nos fijaremos en el nazismo durante la época de Hitler.

El Partido Nazi tiene sus orígenes en el Partido Obrero Alemán, fundado en 1919. Era una organización política formada por antisemitas enfadados por la humillación a la que había sido sometida Alemania en virtud del Tratado de Versalles. Creían que Alemania había sido tratada injustamente por el mundo internacional y que el tratado era inaceptable. Se centraron en promover el orgullo alemán a la vez que difundían creencias antisemitas.

Hitler se afilió a este partido en 1919. Cuando se convirtió en su líder en 1921, el nombre del partido cambió a Partido Nacionalista Social

Obrero Alemán o, como se conocería en todo el mundo, Partido Nazi.

Los nazis rechazaban las nociones de democracia o liberalismo. No creían en el concepto de derechos humanos o de igualdad ni en el Estado de derecho. Consideraban a las mujeres inferiores a los hombres y creían que su único propósito en la vida era procrear. Los nazis también creían que el Estado debía gobernar al pueblo y le exigían obediencia absoluta. Por encima de todo, creían que los alemanes puros o arios no solo eran superiores, sino que también debían controlar el mundo. La visión del mundo de los nazis era que había que purgar el mundo de gente racialmente impura, débil, frágil y dañada hasta que solo existiera la raza aria.

Según los nazis, los arios puros eran de origen nórdico. Eran altos, con la piel blanca y pálida, y los ojos azules. Sus cabezas eran largas y bien formadas, y tenían narices delgadas y estrechas, pelo rubio y una barbilla definida.

Una de las principales prioridades del Partido Nazi era fomentar la raza aria. Animaban a las personas que cumplían los criterios de «fuertes y puros» a reproducirse y tener hijos juntos. Por ejemplo, los jóvenes que planeaban casarse y tener hijos podían optar a préstamos sin intereses del Partido Nazi. Sin embargo, tenían que demostrar que procedían de la raza aria. Los nazis también exigían que la novia hubiera trabajado en un empleo durante seis meses, que luego abandonaría para casarse. De este modo, los nazis se aseguraban un puesto de trabajo vacante que podría ser ocupado por un hombre.

A las parejas que recibían el préstamo se les perdonaba una cuarta parte del mismo por cada hijo que tuvieran. Era un incentivo para que cada pareja «perfecta» tuviera al menos cuatro hijos «perfectos». También creían que el papel de la mujer estaba en casa como esposa y madre, y este programa ayudaba a mantenerlas allí. Este fomento de la procreación para traer más seres «superiores» al mundo se llamó «eugenesia positiva».

La «eugenesia negativa» era lo contrario. Estaba diseñada para evitar que las personas con defectos, discapacitadas e indeseables tuvieran hijos. Por ejemplo, en julio de 1933, los nazis aprobaron una ley que autorizaba al gobierno a esterilizar a personas que padecieran enfermedades genéticas o hereditarias como esquizofrenia, sordera y ceguera, por nombrar algunas.

Para los nazis, el siguiente paso lógico en su obsesión por la limpieza racial y su deseo de crear una «raza superior» era eliminar a cualquiera que no cumpliera los criterios. Por lo tanto, no era descabellado alojar a los no arios en campos de concentración y exterminarlos.

Adolf Hitler

El nazi del que más se habla es, sin duda, Adolf Hitler.

Nació el 20 de abril de 1889 en un pequeño pueblo de Austria. De pequeño, a Hitler le encantaban las artes y quería ser artista. Solicitó entrar en la Academia de las Artes de Viena, pero no lo consiguió. A los dieciocho años murió su madre y se trasladó a Viena con la esperanza de seguir una carrera artística.

En un año, Hitler se había gastado todo el dinero que había heredado de sus padres, vivía en la pobreza y dormía en albergues para indigentes. Su familia lo animó a ingresar en la administración pública, pero él se negó.

Durante los años siguientes, consiguió reunir el dinero suficiente para vivir pintando el paisaje de Viena. Allí entabló relaciones personales y profesionales con judíos. De hecho, ganaba parte de su sustento vendiendo a los judíos de Viena.

Durante su estancia en Viena, Hitler recibió una fuerte influencia del nacionalismo racista del político Georg Ritter von Schönerer y de las opiniones del alcalde de Viena, Karl Lueger. Lueger promovía abiertamente opiniones antisemitas y reforzaba la idea de que los judíos eran la máxima amenaza y el enemigo de Alemania.

En aquella época, Austria tenía un servicio militar obligatorio universal de tres años. Hitler no quería luchar para los Habsburgo. Como corría el riesgo de ser arrestado por eludir su deber, se trasladó a Múnich (Alemania). Su vida en Múnich siguió siendo muy parecida: se ganaba la vida pintando.

Y entonces estalló la Primera Guerra Mundial. De repente, Hitler encontró un propósito en la vida. Se alistó voluntariamente en el Regimiento de Baviera. La suerte lo acompañó como una sombra durante toda la guerra, ya que consiguió escapar una y otra vez de situaciones que ponían en peligro su vida. Hitler no tenía porte militar y era un solitario, pero era un soldado entusiasta. Nunca pidió la baja y nunca se quejó de las condiciones.

En 1916, durante la batalla del Somme, Hitler resultó herido en una pierna. Tras una breve recuperación en el hospital, fue destinado a otras tareas en Múnich. Mientras estaba allí, vio y oyó a alemanes que expresaban sentimientos contrarios a la guerra y un sentimiento general de indiferencia. Esto le molestó mucho, y culpó directamente a los judíos, creyendo que estaban obstaculizando el esfuerzo bélico.

Hitler pidió volver al centro de la acción. Su rendimiento fue excelente e incluso recibió cinco medallas; sin embargo, nunca pasó de cabo. Irónicamente, sus oficiales al mando consideraban que no tenía la personalidad ni las aptitudes necesarias para imponer respeto a las tropas o ser un líder.

Cuando empezó a quedar claro que Alemania estaba perdiendo la guerra, Hitler se deprimió y pasó mucho tiempo pensando. Cuando por fin terminó la guerra, no estaba en el campo de batalla, sino recuperándose de un ataque con gas en un hospital. Estaba desolado por la noticia de la caída del káiser, y en su corazón empezaron a crecer semillas de odio hacia las personas que habían defraudado a Alemania. De nuevo, inexplicablemente, culpó a los judíos.

Una vez más, Hitler se sintió a la deriva. Y entonces apareció el Partido Nazi. Cuando se fundó el partido, Hitler se afilió como miembro y, en dos años, escaló posiciones hasta convertirse en el líder del partido.

En 1923, Hitler, inspirado por la marcha de Mussolini sobre Roma, decidió que estaba harto de la República de Weimar. Intentó dar un golpe de estado con el apoyo del Partido Nazi para desplazar al gobierno, pero fracasó. Fue detenido dos días después y condenado a cinco años de prisión. Sin embargo, solo cumplió nueve meses. En prisión escribió *Mein Kampf*.

Adolf Hitler
Bundesarchiv, Bild 183-H1216-0500-002 / CC-BY-SA, CC BY-SA 3.0 DE <https://creativecommons.org/licenses/by-sa/3.0/de/deed.en>, vía Wikimedia Commons; https://commons.wikimedia.org/wiki/File:Hitler_portrait_crop.jpg

En esta obra autobiográfica, Hitler expuso sus opiniones y creencias sobre muchas cosas, incluido su profundo odio hacia los comunistas y los judíos. Hablaba de cómo quería deshacerse de los sistemas parlamentarios y establecer un nuevo orden mundial en el que los débiles y los enfermos fueran exterminados para dejar sitio en el mundo a las personas fuertes y capaces.

Los volúmenes fueron escritos principalmente para su partido, pero a medida que su poder crecía, la gente empezó a interesarse por lo que decía y las ventas empezaron a aumentar. Ganó más de un millón de marcos con sus libros. Eso equivaldría a más de seis millones de euros hoy en día.

Con el paso del tiempo, la popularidad de Hitler creció. Hablaba bien, era hipnotizador y tenía una forma de atraer a las masas. Utilizó la desesperada situación del país a su favor. Habló largo y tendido sobre cómo la democracia era la culpable del desempleo y la depresión. Hitler prometió prosperidad al pueblo y deshacerse de los banqueros y financieros judíos que lo estaban hundiendo. Habló con confianza de un nuevo orden mundial bajo el cual Alemania ya no sería débil ni estaría lisiada, sino que se alzaría fuerte y orgullosa, llena de gente de raza aria.

La gente quedó enganchada. Acudieron en masa al Partido Nazi. En 1932 (menos de una década después del fallido golpe de Hitler), el Partido Nazi se había convertido en el mayor partido político del Reichstag.

En 1933, Hitler fue nombrado canciller de Alemania por el presidente Paul von Hindenburg. Se puso a trabajar de inmediato. Casi de la noche a la mañana, empezaron a suprimirse las libertades civiles. Las instituciones democráticas empezaron a desmoronarse, y cualquiera que se opusiera a sus cambios era asesinado o eliminado.

Tras la muerte de Hindenburg en 1934, Hitler se deslizó sin problemas hacia el poder absoluto. Se nombró a sí mismo *Führer* (líder) y se convirtió en el comandante en jefe del ejército. La expansión del ejército, incluida una nueva fuerza aérea, comenzó rápidamente, al tiempo que se reunían tropas mediante la reintroducción del servicio militar obligatorio.

Se empezaron a aprobar leyes y decretos contra los judíos, segregándolos y aislándolos de la sociedad alemana y despojándolos poco a poco de sus derechos civiles. Estas leyes sentarían las bases de lo que vendría después.

Las medidas que tomó Hitler y el dinero que gastó en el ejército trajeron prosperidad al país. También cumplió su promesa de ampliar las fronteras naturales de Alemania. Lo primero que hizo fue anexionarse Austria. Después obligó a Checoslovaquia a entregar los Sudetes.

Como el mundo internacional no hizo nada, Hitler se volvió más audaz. El pueblo empezó a aceptar sus políticas y creencias, ya que todo lo que había hecho hasta entonces había sido en su beneficio. Estaban convencidos de que los guiaría por el buen camino.

Un año después, Hitler invadió Polonia e inició la Segunda Guerra Mundial.

La invasión fue solo el principio; habría mucho más por venir. Muchos horrores y terribles verdades solo se revelarían mucho más tarde.

Campos de concentración nazis

Los campos de concentración se asocian comúnmente con el Holocausto; sin embargo, el primer campo fue construido por el Partido Nazi en cuanto Hitler se convirtió en canciller en 1933, años antes de que comenzara la guerra.

A lo largo de la guerra, los nazis crearon más de 44.000 campos de concentración, campos de encarcelamiento y guetos.

Dachau, el primer campo, se creó a las afueras de Múnich y se utilizó para alojar a prisioneros políticos, incluidos comunistas y socialistas. Se convertiría en el modelo a seguir para futuros campos.

En 1938, el primer grupo de varones judíos fue enviado a Dachau. Tras la Noche de los Cuchillos Largos, los nazis empezaron a reunir a más hombres judíos. Más de 30.000 hombres fueron recluidos en campos de concentración.

El término campo de concentración se ha convertido en sinónimo de cámaras de gas y muerte, pero no todos los campos se utilizaban con el mismo fin. Algunos campos se utilizaban para realizar trabajos forzados, otros para alojar a prisioneros de guerra y otros eran campos de tránsito donde se retenía a los judíos hasta que podían ser deportados. En la mayoría de los casos, la deportación significaba ser enviado a un centro de exterminio.

Los nazis construyeron cinco centros de exterminio en total. Aunque en los otros campos también moría gente, los centros de exterminio estaban diseñados específicamente para el exterminio masivo. Hitler y los nazis estaban obsesionados con la idea de la superioridad racial y querían acabar con los judíos. Estos campos eran la «solución final» al problema judío.

Los campos de concentración estaban vigilados por las SS (las Schutzstaffel). Las SS eran una organización paramilitar que pasó de ser una pequeña unidad de guardia a una fuerza policial encargada de la seguridad y de hacer cumplir las políticas del Partido Nazi.

Heinrich Himmler inspeccionando a un prisionero
https://commons.wikimedia.org/wiki/File:Himmler_besichtigt_die_Gefangenenlager_in_Russland. Heinrich_Himmler_inspects_a_prisoner_of_war_camp_in_Russia,_circa... - NARA - 540164.jpg

Deportación

Poco después de la *Kristallnacht* (la noche de los cristales rotos) y el encarcelamiento masivo de judíos austriacos, los judíos se convirtieron en el principal objetivo de los nazis. Los nazis ni siquiera intentaron inventar una excusa para arrestarlos. Ser judío era delito suficiente. Los nazis empezaron a reunir a los judíos y a deportarlos. A la mayoría de los prisioneros les decían que hicieran una maleta y les contaban mentiras sobre dónde serían enviados. Siempre se les hacía creer que simplemente serían llevados fuera de Alemania y liberados.

Esto, por supuesto, era falso.

A veces, las familias eran deportadas juntas. Otras veces, la gente era llamada al azar. En cualquier caso, el prisionero era embarcado en un tren con destino a un campo.

El viaje podía durar desde unos días hasta varias semanas. Los prisioneros iban hacinados en un vagón sin espacio para sentarse, moverse o arrodillarse. No había pausas para ir al baño ni para dormir o descansar. Les daban muy poca comida para compartir entre ellos. El dolor, el hambre y las condiciones inhumanas provocaron muchas muertes durante el transporte.

Las condiciones en el interior de estos compartimentos eran espantosas, pero lo peor estaba aún por llegar.

La vida en el campo de Auschwitz-Birkenau

Aunque hubo muchos campos de concentración diferentes, nos centraremos en el más infame de todos, Auschwitz, creado en 1940. El campo sirvió originalmente como cuartel del ejército polaco y fue adaptado para servir a los nazis.

Los nazis añadieron más edificios y segundas plantas a los edificios existentes. Cada edificio estaba destinado a albergar aproximadamente setecientos prisioneros, pero el número real era mucho mayor, bastante más de mil.

Cuando el tren llegaba por fin al campo, la mayoría de los prisioneros sentían un inmenso alivio. Habían llegado al final de su horrible viaje y ahora serían liberados. Pero en cuanto salían, eran recibidos por un enorme cartel alrededor de la puerta de hierro que rezaba: «*Arbeit Macht Frei*» («El trabajo hace libre»).

Los prisioneros eran clasificados en dos grupos: uno para hombres y otro para mujeres y niños. Luego se los ponía en fila para inspeccionarlos. Las SS decidían quién vivía y quién moría. Los que parecían demasiado débiles o enfermos eran enviados a la cámara de gas, mientras que el resto avanzaba para su identificación.

A cada prisionero se le quitaba su maleta y sus efectos personales. Se les asignaba un número, que se les tatuaba en el brazo. El proceso de registro también incluía la asignación de barracones y trabajo.

Una vez completado, los prisioneros tenían que desnudarse para que les afeitaran la cabeza. A continuación, se duchaban en público bajo la atenta mirada de las SS. Tras la ducha, se les entregaba un pijama de rayas azules y blancas.

Calvos, tatuados y vestidos igual, los prisioneros eran despojados de su identidad individual y de su dignidad.

La mayoría de los prisioneros eran despertados a las cuatro de la mañana. Tenían media hora para comer, vestirse, ir al baño y limpiar sus barracones. Luego se pasaba lista, lo que a veces podía llevar horas. Esto era especialmente duro durante los meses de invierno, cuando los prisioneros tenían que permanecer de pie tiritando bajo la nieve y el aguanieve.

Después de pasar lista, cada uno se dirigía al trabajo que le había sido asignado. A los más afortunados se les asignaban trabajos en el edificio de administración o la clasificación de ropa y efectos personales, mientras que a otros se les asignaba romper piedras o deshacerse de cadáveres.

Había comida, pero en cantidades tan pequeñas que todos estaban desnutridos. Después de trabajar todo el día, los prisioneros volvían a pasar lista durante horas antes de que les dieran algo de «tiempo libre». La mayoría estaban tan agotados y débiles que simplemente se iban a dormir.

Las camas eran tablones de madera o colchones rellenos de paja y tendidos en el suelo. La mayoría de las camas las compartían entre dieciocho y veinte personas.

Literas de ladrillo en Auschwitz; cuatro prisioneros dormían en uno de estos tabiques
Bookofblue, CC BY-SA 3.0 <https://creativecommons.org/licenses/by-sa/3.0>, vía Wikimedia Commons; https://commons.wikimedia.org/wiki/File:Auschwitz_1_concentration_camp_bunks_6006_4162.jpg

Las enfermedades proliferaban en las condiciones extremadamente insalubres del campo, infestado de alimañas, ratas y piojos.

Esta rutina diaria era lo mejor a lo que podían aspirar los prisioneros. Por horribles e inhumanas que fueran estas condiciones, eran mucho mejores que las atrocidades que sufrieron muchos prisioneros. Durante todo el día, los prisioneros eran vigilados atentamente por las SS y estaban a merced de sus caprichos y deseos. Para los aburridos guardias de las SS, torturar a los prisioneros era una especie de deporte. Golpeaban sin piedad a quien consideraban que se pasaba de la raya o «no se portaba bien». No era raro que simplemente mataran a tiros a alguien en el acto solo por diversión.

Las mujeres eran violadas y ultrajadas, y en algunos campos incluso se instalaron burdeles. Durante el Holocausto, en los campos funcionaron aproximadamente quinientos burdeles. Las mujeres que quedaban embarazadas eran sometidas a abortos. Muchas morían a causa del procedimiento.

Cámaras de gas

Al principio de la guerra, los prisioneros solían ser fusilados por las SS en matanzas masivas. Con el paso del tiempo, las SS se dieron cuenta de que necesitaban una forma más eficaz de deshacerse de tanta gente. Así, se diseñó la cámara de gas.

En 1942 se construyeron cuatro cámaras de gas y crematorios en Birkenau. En junio de 1943 ya estaban en funcionamiento. Los crematorios podían quemar aproximadamente 4.416 prisioneros al día. Si funcionaban todos los días, sumaban 1,6 millones de personas al año. Para los nazis, esta era una solución mucho más eficaz que fusilar individualmente a cada persona.

Durante la primera selección, los ancianos, débiles, discapacitados, mujeres embarazadas, bebés y niños eran enviados casi inmediatamente a las cámaras de gas nada más llegar. A los que eran jóvenes, sanos y parecían lo bastante fuertes para trabajar se les permitía vivir, al menos de momento.

Los nazis tenían cuidado de no causar pánico en la gente, ya que eso haría que el proceso fuera menos eficiente para ellos. Así, a los que eran conducidos a las cámaras se les hacía creer que iban a ducharse. Los prisioneros entregaban sus pertenencias, se desnudaban y entraban en la enorme «ducha». Una vez llenos, se cerraban las puertas y se introducía gas (Zyklon B) en la cámara.

Esta fotografía fue tomada en Auschwitz y muestra a un grupo de judíos dirigiéndose hacia las cámaras de gas
https://commons.wikimedia.org/wiki/File:Birkenau_a_group_of_Jews_walking_towards_the_gas_chambers_and_crematoria.jpg

Los prisioneros solo tardaban unos minutos en morir. A continuación, otros prisioneros del campo se encargaban de despojar a los cadáveres de cualquier resto de valor, como dientes de oro, y de introducir los cuerpos en los hornos crematorios. A veces, los cuerpos eran arrojados a un enorme agujero que se utilizaba como fosa común.

No existe una cifra exacta de cuántas personas murieron durante el Holocausto. Se cree que murieron alrededor de seis millones de judíos, junto con millones de otros «indeseables». Se cree que uno de cada seis judíos murió en Auschwitz.

Experimentos médicos

Los campos de concentración nazis también se utilizaron para realizar experimentos médicos en seres humanos con total desprecio por la vida humana.

Había tres objetivos específicos:
- Investigar cómo mantener vivas a las tropas alemanas en el campo de batalla o cómo curar a las tropas heridas.
- Probar nuevos medicamentos, procedimientos quirúrgicos o hacer nuevos descubrimientos médicos.

- Confirmar que la raza aria era realmente superior.

Se han documentado más de siete mil experimentos de este tipo; sin embargo, es probable que el número real sea mucho mayor.

El médico nazi más cruel fue Josef Mengele, que estuvo en Auschwitz. Conocido como el Ángel de la Muerte, era especialmente cruel y disfrutaba torturando a sus víctimas en nombre de la medicina. Le gustaba especialmente utilizar gemelos como sujetos de prueba. Uno era utilizado como sujeto de prueba, mientras que el otro era el control. El sujeto de pruebas era sometido a horrores inimaginables, como inyecciones de enfermedades, transfusiones de sangre o amputación de miembros. Cuando el sujeto de pruebas moría inevitablemente, Mengele abría los cuerpos para estudiar los órganos internos. A continuación, también mataba al gemelo de control para poder estudiarlo.

Mengele también estaba obsesionado con el color de los ojos y recogía globos oculares para estudiarlos. Esperaba encontrar la clave para que todas las mujeres arias tuvieran hijos rubios y de ojos azules. Mengele creía que, si esto se lograba, el mundo podría ser fácilmente poblado por la raza aria.

Realizó cientos de otros experimentos tortuosos. Se calcula que unos tres mil gemelos fueron torturados bajo sus órdenes. Menos de doscientos de ellos lograron salir del campo.

Cuando terminó la guerra, Mengele consiguió escapar a Sudamérica. Murió en 1979 sin haber sido nunca procesado por sus crímenes.

La brutalidad de los campos

Los campos de concentración parecían campos de trabajo. Se hacía creer a los prisioneros que, si trabajaban lo suficiente, algún día serían liberados. La verdad era que la mayoría nunca saldrían de allí.

Los verdaderos horrores de los campos nunca se conocerán del todo. Cuando los nazis se dieron cuenta de que estaban perdiendo la guerra, intentaron desesperadamente destruir los campos para ocultar lo que habían hecho. Los campos fueron quemados y arrasados. Algunos prisioneros fueron asesinados mientras que al resto se les hizo marchar a otro campo. Muchos prisioneros murieron durante la Marcha de la Muerte. Los prisioneros estaban a pocos días de ser liberados.

Lo que sabemos de los campos se basa en los relatos de los supervivientes, los restos de los campos y lo que las tropas aliadas presenciaron y descubrieron.

Capítulo 10: El fascismo y Mussolini

¿Qué es el fascismo?

El fascismo es una ideología política que se desarrolló después de que los comunistas bolcheviques de Vladimir Lenin dirigieran una revolución en Rusia y tomaran el poder con éxito. La ideología se extendió por varios países entre los años 1920 y 1945. El fascismo se extendió por todo el mundo, incluido Oriente Próximo, Europa, Sudamérica, Asia e incluso Estados Unidos.

La Primera Guerra Mundial fue vista por los fascistas como una gran convulsión social que abría la puerta a una nueva era, en la que el liberalismo ya no era relevante. Algunos veían el fascismo como un movimiento radical que trajo cambios positivos, similar a la Revolución francesa, mientras que otros lo veían como un movimiento violento, opresivo y autoritario. Dado que tanto Hitler como Mussolini eran fascistas y teniendo en cuenta los acontecimientos de la Segunda Guerra Mundial, hoy en día el fascismo se ve desde esta última perspectiva y se considera una de las causas de la Segunda Guerra Mundial.

Algunas de las creencias clave asociadas con el fascismo incluyen:

- Fuerte énfasis en el nacionalismo.
- Jerarquía racial y protección de los derechos de los nacionales.
- La supremacía del ejército.

- Oposición al liberalismo, la democracia y el marxismo.
- Oposición a la igualdad y a los derechos individuales.
- Rígidos roles de género y la firme creencia de que las mujeres son inferiores a los hombres.

El fascismo y el nazismo comparten algunas creencias y valores fundamentales; sin embargo, el fascismo no era tan extremo como el nazismo. Aunque los fascistas creían en una jerarquía racial, no sentían el mismo odio por los judíos que los nazis. Históricamente, los italianos siempre habían sido tolerantes y humanos. Por eso, en 1938, cuando el gobierno fascista de Italia empezó a anunciar políticas claramente antisemitas, la mayoría de la gente se sorprendió. En general, se cree que la influencia y las creencias de Hitler influyeron en Mussolini.

Para que un gobierno fascista imponga sus creencias y se asegure la obediencia de su población, necesita ejercer un control absoluto, razón por la cual la mayoría de los gobiernos fascistas acaban teniendo un dictador que lo controla todo. En Italia, el hombre que lideró el movimiento fascista fue Benito Mussolini. Aunque el fascismo existió en otras partes del mundo, está más estrechamente vinculado a Mussolini porque fue el primero en crear un partido político basado en el movimiento fascista y presentarse a las elecciones.

Benito Mussolini

Nacido el 29 de julio de 1883 en Italia, Mussolini estaba probablemente destinado a ser un revolucionario desde su nacimiento, ya que su padre, radical, le puso el nombre de un líder revolucionario de México, Benito Juárez. Su familia era muy pobre y su infancia no fue ideal. Creció siendo un niño agresivo y desobediente que una vez atacó a un compañero de clase con una navaja. Mussolini era también un niño muy inteligente y, aunque no destacó en la escuela, obtuvo un diploma de magisterio y se hizo profesor.

Al cabo de un tiempo, dejó su trabajo y se trasladó a Suiza, donde, como Hitler, vagó sin rumbo. Pero leyó muchos libros sobre filosofía, ideologías y teorías. Empezó a labrarse una reputación de buen orador y periodista político.

Mussolini fue detenido en numerosas ocasiones por sus opiniones, y cuando regresó a Italia en 1904, ya había sido mencionado varias veces en los periódicos romanos. Durante un tiempo repitió el ciclo de vagar, escribir y ser encarcelado. En 1909, durante una pausa, se enamoró y se casó, aunque poco después fue detenido.

Para entonces, Mussolini ya era bastante conocido como «camarada Mussolini». Tras su liberación, siguió escribiendo en periódicos socialistas antes de crear el suyo propio, *La Lotta di Classe* («La lucha de clases»). ¡El periódico tuvo un éxito increíble y le llevó a ser nombrado director de *Avanti!* («¡Adelante!»), un periódico socialista.

Con el estallido de la Primera Guerra Mundial, Mussolini creía que el gobierno debía apoyar a la Triple Alianza. Sus opiniones sobre la guerra chocaron con las del Partido Socialista, partidario de unirse a los Aliados. Como resultado, rompió sus lazos con el partido. Finalmente se alistó en el Real Ejército Italiano y sirvió en la guerra como cabo. Dejó de servir tras ser herido y se fue a Milán, donde se convirtió en editor de un periódico de derechas, *Il Popolo d'Italia* («El Pueblo de Italia»).

Sus nuevos puntos de vista políticos se esbozaron en este periódico, que se convertiría en el grito de guerra del fascismo. Escribió: «A partir de hoy todos somos italianos y nada más que italianos. Ahora que el acero se ha encontrado con el acero, un solo grito sale de nuestros corazones: ¡Viva Italia!»[12].

Mussolini había estado defendiendo la necesidad de una dictadura en Italia y empezó a dejar caer en discursos que él podría ser el hombre perfecto para el puesto. Poco a poco fue creando un partido basado en su nueva filosofía política. Doscientas personas lo siguieron desde el principio; este grupo estaba compuesto principalmente por personas desencantadas e inquietas que buscaban una dirección y personas que querían crear una nueva fuerza. Eran ex soldados, revolucionarios, anarquistas y socialistas. La fuerza recibió el acertado nombre de *Fasci Italiani di Combattimento* («bandas de combate»).

Había nacido el fascismo en Italia.

Mussolini, fuerte y seguro de sí mismo, no tardó en cautivar a las multitudes. También era visualmente atractivo y bastante llamativo en el contexto de sus partidarios, que vestían camisas negras como uniforme. No importaba que Mussolini fuera a veces cruel o que sus opiniones no siempre estuvieran basadas en hechos. La gente estaba enganchada.

Inspirados por Mussolini, los escuadrones fascistas empezaron a surgir por toda Italia, atacando a los gobiernos locales y aterrorizando a los

---

[12] Davis, Kenneth. *Strongman: The Rise of Five Dictators and the Fall of Democracy*. Macmillan Publishers, 2020.

socialistas y al pueblo. Estos actos fueron alentados por Mussolini.

En 1921, el control de los fascistas sin ley se extendía por todo el país. Mussolini planeó su siguiente paso. Los camisas negras (miembros de los escuadrones fascistas de Mussolini), armados y preparados para la violencia, marcharon a Roma. Querían que Mussolini fuera nombrado primer ministro. El rey Víctor Manuel III cedió a las presiones y Mussolini se convirtió en primer ministro. Su partido inició una campaña para deshacer la democracia italiana.

Mientras tanto, Mussolini empezó a fusionar su partido con el ejército y estableció leyes antisindicales para proteger a los industriales ricos. Les prometió protección frente al socialismo.

Sin embargo, la gente del partido de Mussolini pensaba que debían actuar con más rapidez. En 1924, Giacomo Matteotti, líder del Partido Socialista Unitario, fue asesinado. Había llegado el momento de actuar con decisión.

El 3 de enero de 1925, Mussolini pronunció un discurso ante el Parlamento, en el que se declaró responsable de todo lo ocurrido, dando a entender indirectamente que había mandado matar a Giacomo. No se tomó ninguna medida contra él. Asegurado su control absoluto, Mussolini se convirtió abiertamente en el dictador de Italia, nombrándose a sí mismo *il Duce* (caudillo).

Bajo su mandato, Italia era un estado policial y todos debían obedecerle. Aunque no cabe duda de que las grandes empresas se beneficiaron del gobierno de Mussolini, lo cierto es que hizo muy poco por ayudar a la gente corriente. Su nivel de vida no dejó de bajar, sobre todo tras la Gran Depresión.

Internacionalmente, Italia no era un imperio tan grande como Gran Bretaña, la Unión Soviética o incluso Alemania. Italia tenía algunas colonias en África, que perdió rápidamente durante la Segunda Guerra Mundial.

Tras la muerte de Lenin, Mussolini y Stalin mantenían una relación amistosa. Mantenían relaciones diplomáticas, pero probablemente no habrían dudado en volverse el uno contra el otro si hubiera surgido la necesidad.

Como ya se ha dicho, aunque Hitler influiría enormemente en Mussolini y llevaría a Italia a la guerra, la primera impresión que Mussolini tuvo de Hitler no fue positiva. Con el tiempo, los dos hombres desarrollaron cierto grado de lealtad y amistad entre sí.

Al principio, Mussolini no tenía intención de unirse a la guerra, pero cambió de opinión en 1940, sintiendo que debía apoyar a Alemania. La participación de Italia en la guerra estaba condenada casi desde el principio. En 1943, cuando los Aliados invadieron Italia, la población estaba dispuesta a rendirse y cambiar de bando.

Hacía tiempo que se estaba gestando un cierto rencor e ira contra Mussolini, al que culpaban de haberlos hecho pasar por una guerra innecesaria. Cuando Italia se rindió, ya estaban tramando su caída. Mussolini se sintió en parte conmocionado, pero intuyó que su tiempo se había acabado y aceptó dimitir.

Pocas horas después de su dimisión, fue detenido y encarcelado.

A medida que la guerra se acercaba a su fin, los comunistas italianos tomaron la decisión de ejecutar a Mussolini. Intentó cruzar a Austria, pero fue descubierto y detenido. El 28 de abril de 1945 fue asesinado junto con su amante. Sus cuerpos fueron colgados boca abajo en Milán para que el público los viera. La multitud celebra el fin de la dictadura y de la guerra.

Si observamos la evolución y posterior caída del fascismo, queda claro que fue un abyecto fracaso. Mussolini tuvo casi quince años para «arreglar» Italia y traer prosperidad y felicidad a su pueblo, pero no lo hizo o no pudo.

¿Fracasó el fascismo?

Ideologías como el fascismo y el nazismo prometen grandes cosas al pueblo, aprovechándose de sus debilidades y deseos. Pero al final, a los únicos que sirven estas ideologías es a los dictadores que prosperan con el control total y a su séquito. Arrebatan el poder con la promesa de ayudar y dar poder a los demás, pero al final, no hacen nada por ellos.

Cabría esperar que el fascismo se extinguiera por completo tras el final de la guerra. Aunque los regímenes fascistas originales han muerto más o menos, las ideologías e ideas fascistas no. Simplemente se han transformado en una forma más suave. En países como Francia, Dinamarca, Grecia y Estados Unidos hay partidos fascistas, pero los políticos dudan (comprensiblemente) en describirse abiertamente como tales.

Capítulo 11: La ola roja de Stalin

Tras la Revolución rusa de octubre de 1917, el líder de los bolcheviques, Vladimir Lenin, llegó al poder. Los bolcheviques crearon la República Socialista Federativa Soviética Rusa, que desencadenó la guerra civil rusa (1918-1920) entre los bolcheviques (los rojos) y las fuerzas antibolcheviques (los blancos).

Durante la guerra civil rusa, los blancos contaron con el apoyo de grandes potencias internacionales como Gran Bretaña y Estados Unidos, pero los rojos tenían mucho apoyo dentro del país y consiguieron ganar la guerra en 1920. Se produjeron levantamientos esporádicos hasta 1924. Tras la revolución, Rusia se convirtió en un país comunista y pasó a llamarse Unión Soviética.

El comunismo es una ideología política que se opone ferozmente a ideas como el liberalismo y la democracia. Los comunistas no creen en el sistema de clases ni en la propiedad privada. Bajo el régimen comunista, todo el mundo debe recibir el mismo trato. Nadie debe tener más riqueza que otro, las necesidades básicas de la vida se proporcionan a todos y todo es propiedad colectiva.

En resumen, todos trabajan en armonía para obtener los mismos beneficios y recompensas. La economía capitalista, basada en el beneficio, se sustituye por la propiedad y el control comunales. En teoría, un mundo igualitario parece una gran idea, un sueño hecho realidad para las masas luchadoras, pero en la práctica no funciona exactamente así.

Para que el comunismo funcione, el pueblo tiene que estar gobernado por un sistema totalitario. No puede haber democracia. Como las acciones de una persona pueden no beneficiar a otra, los derechos se restringen. Existe la amenaza de que la exposición a otras formas de pensar haga que la gente quiera una vida diferente, por lo que el gobierno impone la censura. De este modo, la gente solo sabe lo que ellos quieren que sepa. Por último, la economía de un país prospera cuando la gente tiene un empleo remunerado y se gana la vida que luego gasta en cosas materiales. Las cosas materiales se producen en fábricas, que proporcionan empleo.

El capitalismo, aunque defectuoso, es un círculo completo que mantiene un país en funcionamiento e impulsa la economía. Los países capitalistas desarrollados consideran que el comunismo es totalmente indeseable.

Cuando Lenin murió en 1924, hubo una breve lucha por el poder. Joseph Stalin se convirtió finalmente en el líder del partido.

José Stalin

Stalin nació el 18 de diciembre de 1878 en Georgia (no en Rusia) en el seno de una familia muy pobre. Su nombre completo al nacer era Iosif Vissarionovich Stalin. Más tarde lo simplificó a Joseph (José) Stalin.

José Stalin
https://commons.wikimedia.org/wiki/File:JStalin_Secretary_general_CCCP_1942.jpg

Stalin no tuvo una vida feliz en casa, ya que su padre lo pegaba salvajemente. Aprendió ruso en la escuela y nunca pudo deshacerse de su acento georgiano.

Su madre quería que se hiciera sacerdote, pero ese no sería el camino que siguió.

De joven, leía en secreto las obras de Karl Marx y, a los veintidós años, se convirtió en un activista político. En 1903, Stalin se unió a los bolcheviques y se convirtió en un ferviente partidario de Lenin. Poco a poco fue ascendiendo en la jerarquía del partido, demostrando su valía, especialmente durante la guerra civil rusa.

Stalin ocupó dos cargos ministeriales en el gobierno bolchevique, lo que lo ayudó a ganar adeptos. A la muerte de Lenin, ambos ya no se llevaban bien. Lenin apoyaba la Nueva Política Económica, casi capitalista, con la que Stalin no estaba de acuerdo.

Por suerte para Stalin, Lenin murió en 1924 antes de que la reputación de Stalin sufriera ningún daño duradero. Este se convirtió en el nuevo líder del país.

Bajo Stalin, la Unión Soviética se convirtió en un Estado totalitario sumido en la violencia de clases. El país se industrializó rápidamente, pero a un alto precio. Muchas reliquias históricas de Rusia fueron destruidas y sustituidas por estatuas de Stalin.

Gobernó utilizando el miedo y la violencia, pero desarrolló un culto de seguidores, que fue fundamental para la idea del estalinismo. Tras el Gran Terror, el pueblo le tenía tanto miedo que ni soñaba con desviarse.

Stalin tampoco hizo muchos amigos en el mundo internacional. Tenía una relación tensa y desconfiada con Estados Unidos y tenues relaciones diplomáticas con países como Gran Bretaña. Rusia y Alemania siempre mantuvieron una relación tensa. Temeroso de un ataque alemán, Stalin acordó un pacto de no agresión con Alemania en 1939. Prometió hacer la vista gorda ante la invasión de Polonia e incluso ayudó a Hitler. A cambio, Hitler se mantendría alejado de la Unión Soviética. Por supuesto, Hitler rompió el pacto cuando le convino.

Stalin era un hombre profundamente paranoico; no confiaba en nadie, y al parecer nadie confiaba en él. Después de que los alemanes invadieran la Unión Soviética, se vio obligado a trabajar con los Aliados para derrotar a su enemigo común. Pero a lo largo de todas las discusiones, ninguna de las partes confiaba plenamente en la otra. La Conferencia de Potsdam, donde se reunieron los líderes de Gran Bretaña, Estados Unidos y la Unión Soviética, estuvo llena de tensiones y recelos. Casi tan pronto como la guerra terminó oficialmente, la endeble relación entre la Unión

Soviética y Estados Unidos se desmoronó por completo.

Y una vez que la mayor amenaza de Hitler se resolvió finalmente mediante la cooperación mutua, la Unión Soviética y el comunismo se convirtieron en la nueva amenaza, con lo que el mundo entró en la era de la Guerra Fría.

La Gran Purga de Stalin

La Gran Purga o el Gran Terror es exactamente lo que su nombre indica. Stalin dirigió una campaña en la que se purgó a todo aquel que consideraba una amenaza para sí mismo o para su gobierno.

Primero se deshizo de los miembros de su propio partido que consideraba que empezaban a apartarse o cuestionaban su autoridad. Los oponentes políticos fueron su siguiente objetivo, y luego la purga empezó a incluir a civiles normales, campesinos, minorías, intelectuales, científicos, y la lista continúa. Básicamente, cualquiera era un objetivo.

En 1934, un dirigente bolchevique llamado Sergei Kirov fue asesinado en la sede del Partido Comunista. Después se inició la purga, que se saldó con el envío de más de un millón de personas a los campos del Gulag. Más de 750.000 personas fueron asesinadas.

La purga de Stalin hizo que el miedo y el terror se extendieran por todo el país, especialmente cuando empezó a matar sin discriminación. Incluso mandó ejecutar a treinta mil generales, oficiales y tropas del Ejército Rojo. Estaba convencido de que planeaban derrocarlo.

Se calcula que aproximadamente un tercio del Partido Comunista de la Unión Soviética fue purgado. Sin embargo, el número real es probablemente mucho mayor, tal vez incluso el doble, ya que muchas personas simplemente desaparecieron. La Unión Soviética también era conocida por ocultar estadísticas.

El Gulag

¿Y qué hay de los que tuvieron la suerte de escapar a la muerte? ¿Estaban realmente mejor? Muchos prisioneros del Gulag han dicho que preferirían haber sido ejecutados antes que enviados a los campos de trabajo.

El Gulag era la agencia gubernamental encargada de los campos de trabajo soviéticos. A ellos eran enviados prisioneros políticos y criminales. Se utilizaba como forma de reprimir políticamente al pueblo.

Aunque los campos de trabajo del Gulag no se utilizaron a la misma escala ni con los mismos fines que los campos nazis, las dos formas de campos son comparables en la forma en que se utilizaban y en el trato que recibían los prisioneros. Esto es especialmente cierto en el caso de los campos de trabajos forzados. Tanto en los campos nazis como en los del Gulag, los prisioneros pasaban hambre, eran golpeados y trabajaban hasta la extenuación, teniendo que realizar trabajos agotadores durante catorce o quince horas al día. En el Gulag, los prisioneros recibían herramientas mínimas y se les encargaban trabajos como cortar árboles o cavar en la tierra helada. Algunos se sentían tan desesperados que se mutilaban a sí mismos para convertirse en minusválidos.

En los campos nazis se realizaban trabajos similares. En ambos campos, los prisioneros vivían hacinados en barracones en condiciones inhumanas. A menudo los guardias abusaban de los prisioneros, les disparaban o los mataban.

Pero las similitudes terminan aquí. El objetivo principal de los campos nazis era matar y exterminar a la población. Ese no era el propósito del Gulag, aunque la mayoría de los prisioneros acabaron muriendo.

Las SS, incitadas por el odio y el racismo, tenían como misión personal matar a tanta gente como pudieran. No era el caso de los guardias del Gulag. En el Gulag no había cámaras de gas ni crematorios. Cuando un prisionero cumplía su condena, se le permitía salir. A algunos incluso se les concedía la libertad anticipada por el trabajo bien hecho. Esto no ocurría en los campos nazis.

El Gulag albergó al mayor número de reclusos durante el gobierno de Stalin. En la década de 1920, el Gulag tenía unos 100.000 prisioneros. En 1936, ¡había cinco millones! Este número siguió aumentando drásticamente hasta la muerte de Stalin en 1953. Pocos días después de la muerte de Stalin, el Gulag liberó a millones de prisioneros, la mayoría de los cuales eran completamente inocentes.

Con el tiempo, los campos se convirtieron en prisiones. En 1987, cuando Mijaíl Gorbachov llegó al poder, se deshizo de ellos por completo. Su abuelo había estado encarcelado en el Gulag.

El trauma psicológico, emocional y físico y el horror que padecieron los supervivientes del Gulag nunca serán comprendidos adecuadamente por el mundo y siguen atormentando e impactando a generaciones de rusos hoy en día.

Capítulo 12: El papel de Estados Unidos

Históricamente, la política exterior de Estados Unidos ha sido el aislacionismo y el no intervencionismo. Su gobierno no deseaba involucrarse con otras potencias, expandir su imperio a gran escala o librar batallas. Se centraba casi exclusivamente en sus propios asuntos. Por supuesto, esto ya no es así, y este cambio comenzó en parte con la Primera Guerra Mundial.

Cuando estalló la Gran Guerra el 28 de julio de 1914, se trataba en gran medida de una guerra y un problema europeos. Pero no tardó mucho en convertirse en una guerra mundial, con más de treinta naciones eligiendo un bando. La mayoría de los países se pusieron del lado de los Aliados, formados por países poderosos como Francia, Gran Bretaña, Rusia, Italia y Japón. Estados Unidos, aunque en privado se puso del lado de los Aliados, permaneció neutral.

Pero a medida que la guerra se alargaba, a Estados Unidos le resultaba imposible mantener su postura neutral. La guerra golpeó muy de cerca cuando un submarino alemán lanzó un torpedo al *Lusitania* en 1915. El barco estadounidense transportaba civiles.

Los estadounidenses estaban indignados, e incluso algunos miembros del Gabinete se mostraron a favor de la guerra, pero el presidente Woodrow Wilson siguió mostrándose cauto. Amenazó con la guerra, y Alemania prometió que no volvería a hundir barcos de pasajeros sin avisar debidamente.

Pero en 1917, se interceptó un telegrama de Alemania que decía que Alemania volvería a la guerra submarina y a hundir barcos sin restricciones. El telegrama Zimmerman fue la gota que colmó el vaso para Estados Unidos. El 6 de abril de 1917, Estados Unidos declaró la guerra.

Históricamente, se cree que Estados Unidos ayudó a cambiar el curso de la guerra, llevando a los Aliados a la victoria y poniendo fin oficialmente a la guerra el 11 de noviembre de 1918. Sus interminables suministros de tropas, artillería, equipamiento y hábiles comandantes fueron un estímulo muy necesario para las cansadas tropas aliadas, que llevaban años luchando. Los estadounidenses llegaron como una fuerza vengativa, derrotaron al enemigo y se retiraron de nuevo al aislacionismo.

Y entonces ocurrió la Segunda Guerra Mundial.

Curiosamente, los acontecimientos de la Segunda Guerra Mundial se desarrollaron de forma similar a los de la Primera Guerra Mundial. Al principio, Estados Unidos no hizo nada. Se puso del lado de los Aliados, pero permaneció neutral hasta que la guerra golpeó demasiado cerca de casa.

Pearl Harbor

Estados Unidos ya había estado experimentando algunos conflictos y tensiones con Japón, ya que el país asiático buscaba expandir su imperio. Japón quería asegurarse de que Estados Unidos no interfiriera en sus intereses y quería paralizar a Estados Unidos antes de que pudiera mover ficha.

El resultado directo de esto fue el ataque a Pearl Harbor el 7 de diciembre de 1941, cuando el Servicio Aéreo de la Armada Imperial Japonesa lanzó un ataque sorpresa contra las bases estadounidenses situadas en Pearl Harbor, Hawái.

Una imagen de la explosión del USS Shaw
https://commons.wikimedia.org/wiki/File:USS_SHAW_exploding_Pearl_Harbor_Nara_80-G-16871_2.jpg

Durante el ataque perdieron la vida 2.403 estadounidenses y 68 civiles inocentes. Diecinueve buques, entre ellos ocho acorazados, también fueron destruidos.

Sin duda, Japón ganó este ataque, pero pagaría cara la jugada hacia el final de la guerra.

En represalia al ataque, Estados Unidos hizo lo único que Japón esperaba evitar: el gobierno estadounidense declaró la guerra y se unió oficialmente a la Segunda Guerra Mundial.

Nagasaki e Hiroshima

A finales del verano de 1945, ya habían pasado unos meses desde la derrota de Alemania a manos de los Aliados. Sin embargo, la guerra en el Pacífico continuaba sin un final definitivo a la vista. El presidente Harry Truman recibió advertencias de que, si las tropas aliadas intentaban invadir Japón para poner fin a la guerra, el número de bajas sería espantoso. Aun así, estaba claro que la guerra debía terminar de forma rápida y decisiva.

Tras el inicio de la Segunda Guerra Mundial, temerosos de lo que pudiera hacer Alemania, los Estados Unidos empezaron a desarrollar armas atómicas. En julio de 1945 se probó la primera bomba atómica en un desierto estadounidense. Para entonces, Alemania ya no era una amenaza. Pero con esta tecnología a mano, el presidente Truman decidió que la mejor manera de paralizar a Japón era utilizar la nueva arma.

Antes de atacar, los Aliados presentaron a Japón la Declaración de Potsdam, que no mencionaba específicamente el bombardeo atómico, pero sí advertía de graves consecuencias si no se rendía. Aunque los EE. UU. habían lanzado folletos sobre ataques aéreos anteriormente, decidieron no hacerlo con la bomba atómica. Era mejor no informar a la población y utilizar esta táctica de conmoción para forzar la rendición.

La declaración fue rechazada. El bombardero estadounidense *Enola Gay* iba armado con una bomba de cinco toneladas, que fue lanzada sobre Hiroshima el 6 de agosto de 1945.

La explosión diezmó la ciudad. Más del 92% de los edificios y estructuras de la ciudad quedaron completamente destruidos o gravemente dañados. Entre 80.000 y 180.000 personas murieron en el momento de la explosión y en las semanas posteriores por envenenamiento por radiación, lesiones y heridas.

Truman dijo a Japón que si no se rendía morirían más. La Unión Soviética incluso intervino en ese momento, declarando la guerra a la nación asiática.

No había indicios de que Japón fuera a rendirse, así que Truman decidió cumplir su amenaza. El 9 de agosto, tres días después de la primera bomba, se lanzó una segunda sobre la ciudad japonesa de Nagasaki, pero los daños fueron menores debido al paisaje montañoso de Nagasaki. Algunas partes clave de la ciudad habían quedado protegidas de la explosión. El segundo bombardeo causó entre 50.000 y 100.000 muertos.

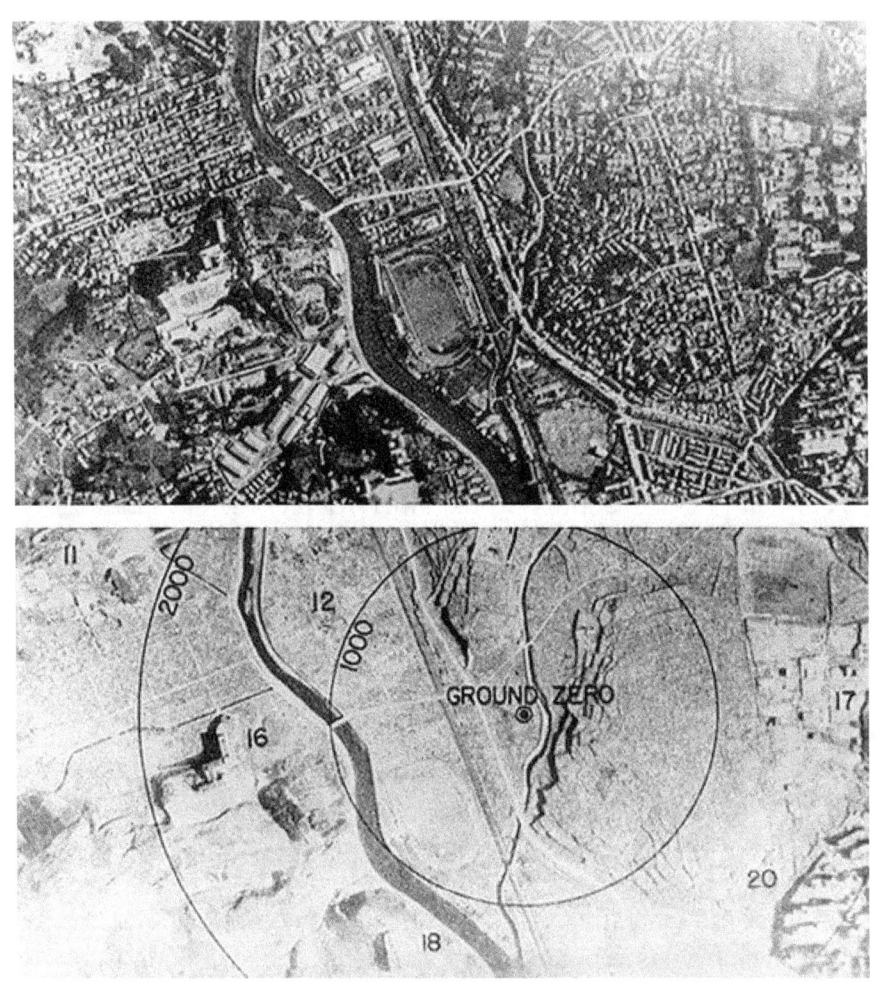

Nagasaki antes y después del bombardeo
https://commons.wikimedia.org/wiki/File:Nagasaki_1945_-_Before_and_after_(adjusted).jpg

Varios días después de Nagasaki, Japón se rindió y la guerra terminó. Japón firmaría formalmente su rendición el 2 de septiembre de 1945,

Aunque muchos historiadores creen ahora que Japón estaba a punto de rendirse antes de los bombardeos, en aquel momento no había indicios de que así fuera. Tras la rendición de Alemania, Truman creyó que la forma más rápida de acabar con la guerra en todos los frentes era noquear a Japón.

Su plan no fue aprobado por todos; el secretario de Guerra Henry Stimson, el general Dwight Eisenhower y algunos científicos estadounidenses se opusieron al lanzamiento de las bombas. Pero Truman creía que, si no se ponía fin a la guerra inmediatamente, miles de vidas estadounidenses estarían en peligro.

Las bombas se lanzaron sin la aprobación del Congreso, pero Truman tenía el poder de hacerlo sin su permiso, por lo que su aprobación era intrascendente.

Aunque las bombas tuvieron definitivamente el efecto deseado, con la rendición de Japón y el fin de la Segunda Guerra Mundial, más de setenta años después, muchos siguen debatiendo si era realmente necesario tomar una medida tan drástica. Por desgracia, nunca sabremos si Japón se habría rendido sin las bombas.

Lo que sí sabemos es que el bombardeo de Hiroshima y Nagasaki tuvo efectos de largo alcance. Generaciones de personas sufrieron las consecuencias de las bombas. Los supervivientes de las bombas y su descendencia fueron susceptibles de padecer diversas enfermedades, como leucemia, ceguera y retraso en el desarrollo. Japón tardó años en recuperarse de la devastación. Los bombardeos sirvieron como advertencia de lo que podría ocurrir si se produjera otra guerra mundial.

Se podría argumentar que la devastación y la tragedia de Hiroshima y Nagasaki mantuvieron en jaque tanto a la Unión Soviética como a Estados Unidos durante la Guerra Fría. Ambos países fueron testigos de primera mano de lo que podía ocurrir si las cosas se descontrolaban.

El Plan Marshall

Tras el fin de la guerra, tanto Estados Unidos como la Unión Soviética emergieron como superpotencias; sin embargo, pronto quedó claro que los dos países iban por caminos muy distintos y tenían objetivos muy diferentes. Stalin quería que la Unión Soviética se expandiera por Europa del Este y promoviera el comunismo, mientras que Estados Unidos quería la democracia y el capitalismo y detener la expansión de las naciones comunistas.

Reconociendo que la mejor forma de detener el comunismo era garantizar que los países pudieran valerse por sí mismos y mejorar económicamente, el presidente Harry Truman firmó la Ley de Asistencia Económica, que permitió la creación de un programa de ayuda en Europa. El Plan Marshall, como llegaría a conocerse, sería uno de los movimientos más brillantes de Estados Unidos después de la guerra.

La premisa básica del Plan Marshall era que Estados Unidos proporcionaría ayuda financiera a los países de Europa Occidental. A cambio, tendrían que encontrar una forma de trabajar juntos y desarrollar un plan que permitiera la integración económica entre ellos. El objetivo era estimular el crecimiento económico y el comercio. EE. UU. confiaba en que así evitaría que el comunismo se extendiera por todo el mundo.

En total, Estados Unidos envió más de 13.000 millones de dólares en ayuda a dieciséis países. El dinero ayudó a realizar inversiones, contribuyó a la modernización de las industrias, ayudó a reducir la deuda y, quizás lo más importante para Estados Unidos, garantizó que Europa Occidental estuviera dirigida por gobiernos democráticos y capitalistas. El producto interior bruto (PIB) de cada uno de estos países creció a la par que sus economías.

El Plan Marshall marcó la pauta de la política exterior estadounidense y consolidó al país como líder mundial y superpotencia. Muchos países estaban agradecidos a Estados Unidos, y también existía un sentimiento de deuda con la nación, lo que consolidó aún más su papel de superpotencia.

Otra consecuencia del Plan Marshall fue el inicio de la Guerra Fría. Stalin no quería tener nada que ver con el plan. Bajo su dirección, todos los países de Europa del Este que gobernaba se vieron obligados a rechazarlo.

Con el inicio de la Guerra Fría, las tensiones volvieron a aumentar. Estados Unidos mantuvo una estrategia de «contención». La contención significaba básicamente jugar a largo plazo. Significaba ser paciente pero firme, vigilante pero conciliador, y ayudar a los países que se resistían a las influencias externas.

La Guerra Fría duraría cuatro décadas. Durante este tiempo, ambos bandos construyeron armas nucleares, sabiendo que un ataque supondría el fin de ambos países. Aunque hubo algunos incidentes internacionales que estuvieron a punto de llegar a las manos, afortunadamente los acontecimientos nunca llegaron tan lejos.

Entre 1989 y 1994 cayó el Muro de Berlín. La Unión Soviética y la Guerra Fría llegaron oficialmente a su fin el 26 de diciembre de 1991.

Hasta la fecha, Estados Unidos sigue siendo considerada una de las superpotencias mundiales, con una considerable influencia global.

Figuras clave de la guerra

Gran parte de la reacción y el enfoque de Estados Unidos ante la guerra y el mundo de la posguerra fueron moldeados por varias figuras clave. Analizaremos brevemente a cuatro personas que desempeñaron un papel clave en la guerra.

Dwight D. Eisenhower

Eisenhower es hoy más conocido por haber sido el trigésimo cuarto presidente de Estados Unidos. También desempeñó un papel importante en la Segunda Guerra Mundial.

Eisenhower nació en 1890 y tuvo una vida familiar agradable y cariñosa. Su familia se había trasladado a Estados Unidos desde Alemania en 1741, lo que resulta irónico dado el papel que acabaría desempeñando en la derrota de Alemania. Sirvió durante la Primera Guerra Mundial como comandante de una unidad de entrenamiento de tripulación de tanques y demostró grandes habilidades, aunque le disgustaba no haber podido ir nunca al frente.

Cuando Estados Unidos se unió a la guerra, Eisenhower fue destinado a trabajar en Washington en la División de Planes de Guerra antes de convertirse en el comandante de las tropas estadounidenses estacionadas en el Reino Unido. Dirigió con éxito la invasión de las tropas aliadas en el norte de África y, en mayo de 1943, forzó la rendición del Eje en Túnez.

Dada su brillante trayectoria, no es de extrañar que, tras Pearl Harbor, Eisenhower recibiera el encargo de crear planes de guerra para derrotar a Alemania y Japón. En 1942, fue nombrado comandante supremo de la Fuerza Expedicionaria Aliada de las Operaciones del Teatro del Norte de África. Un año más tarde, fue nombrado comandante supremo Aliado de Europa. Esta organización planificaría el Día D (u Operación Overlord) y finalmente liberaría a Francia y Europa Occidental de la ocupación alemana.

Como ya se sabe, el Día D fue una campaña exitosa. A lo largo de todo el proceso, Eisenhower demostró fantásticas dotes diplomáticas y de liderazgo, y fue muy respetado por sus tropas, sus colegas y los líderes mundiales.

En diciembre de 1944, Eisenhower se convirtió en general del ejército estadounidense. Fue un gran honor y un ascenso significativo.

Durante la batalla de las Ardenas, las habilidades estratégicas de Eisenhower ayudaron a los Aliados a contrarrestar la ofensiva alemana y hacerla retroceder. Cuando por fin terminó la guerra, Eisenhower pidió a las fuerzas aliadas liberadoras que documentaran y fotografiaran minuciosamente todo lo que pudieran de los campos de concentración nazis. Tenía la sensación de que la gente intentaría encubrir o negar los horribles sucesos del Holocausto. Por supuesto, tenía razón. Y muchas de las pruebas que vemos hoy del Holocausto se deben en gran parte a su previsión.

Después de la guerra, mucha gente instó a Eisenhower a que se presentara a las elecciones presidenciales. Se negó a hacerlo y aceptó el cargo de presidente de la Universidad de Columbia.

En 1950 pidió una excedencia para asumir el cargo de comandante supremo de la OTAN. Se le otorgó el mando de las fuerzas europeas de la organización. Dos años más tarde, Eisenhower se retiró del servicio activo y finalmente decidió presentarse a las elecciones presidenciales. Ganó y hoy se lo considera un presidente popular.

Franklin Delano Roosevelt

Franklin D. Roosevelt, comúnmente conocido como FDR, es el único presidente estadounidense de la historia que fue elegido cuatro veces. Dirigió el país durante la Gran Depresión y la Segunda Guerra Mundial.

Franklin Delano Roosevelt
Fotografía: Leon A. Perskiedigitización: FDR Presidential Library & Museum, CC BY 2.0 <https://creativecommons.org/licenses/by/2.0>, vía Wikimedia Commons; https://commons.wikimedia.org/wiki/File:FDR_1944_Color_Portrait.jpg

Roosevelt estudió en Harvard y se hizo abogado. Su infancia fue privilegiada, alejada de la realidad de la mayoría de los estadounidenses. La esposa de Roosevelt, Eleanor, que también era su prima quinta lejana, y su primo quinto, el presidente Theodore (Teddy) Roosevelt, influyeron enormemente en él y le abrieron los ojos a la difícil situación de la población estadounidense.

Acabó entrando en política y obtuvo un escaño en el Senado del Estado de Nueva York a los veintinueve años. Al sumergirse en la política, perdió su aire de superioridad y fue un gran defensor de las reformas progresistas. Su salud también desempeñó un papel importante en la formación del hombre en que se convertiría.

A los treinta y nueve años contrajo la polio y durante varios años se centró en recuperarse. Se apartó brevemente de la política. En 1924, tres años después de que le diagnosticaran la polio, participó en la convención demócrata de 1924, su primer acto político en años. FDR se sentía inseguro a la hora de reincorporarse a la política, pero con la ayuda y el apoyo de su esposa, pronto ascendió en el escalafón político. Aunque fue un reto lidiar con su discapacidad, hizo de él un político mejor. Si hizo más accesible y comprensivo.

En 1932 fue elegido presidente. Guió a la nación durante la Gran Depresión, lo que le valió la reelección. Cuando estalló la Segunda Guerra Mundial, Roosevelt tuvo cuidado de mantenerse neutral, pero en privado estaba convencido de que Estados Unidos debía unirse a la guerra. Tras el fin de la neutralidad, Roosevelt realizó una excelente labor al frente de la nación en guerra.

Internacionalmente, trabajó duro para construir una sólida asociación y alianza con Gran Bretaña, la Unión Soviética y otros Aliados. Ayudó a suministrar más de 50.000 millones de dólares en provisiones a las fuerzas aliadas.

También habló extensamente sobre por qué Estados Unidos estaba luchando en la guerra y dio al país y a sus tropas un sentido de propósito. FDR hablaba con la gente a la que dirigía en las charlas junto al fuego, que eran programas de radio que habían comenzado en 1933. Uno de sus discursos más famosos, el de las Cuatro Libertades, afirmaba que la guerra se libraba por la libertad de expresión, la libertad frente al miedo, la libertad religiosa y la libertad frente a la miseria.

Una de las contribuciones más vergonzosas y menos estelares de Roosevelt a la guerra fue la firma de la Orden Ejecutiva 9066, que provocó el desplazamiento de miles de japoneses-estadounidenses.

Aunque Roosevelt dirigió a la nación durante la guerra, desgraciadamente no pudo ver el resultado final, a pesar de que estaba bastante seguro de cómo acabaría. Con problemas de salud, murió el 12 de abril de 1945, menos de un mes antes de la rendición oficial de Alemania. A menudo se lo recuerda como uno de los más grandes presidentes estadounidenses.

Harry Truman

A la muerte de FDR, su vicepresidente, Harry Truman, se convirtió en presidente.

Nacido el 8 de mayo de 1884, Truman era el mayor de una familia de tres hermanos. Su padre era granjero, por lo que creció en la granja. Tras terminar el instituto, Truman trabajó brevemente como banquero antes de alistarse en la Guardia Nacional.

Cuando murió su padre, volvió a ocuparse de la granja, pero en cuanto estalló la Primera Guerra Mundial, se alistó voluntario en el servicio activo. Truman luchó en las trincheras de Francia. Al acabar la guerra, regresó a casa y entró en política. Su carrera siguió avanzando y, con el tiempo, se convirtió en vicepresidente y luego en presidente.

Sus dos contribuciones más significativas a la guerra fueron la supervisión de su final y el Plan Marshall.

Truman también asistió a la Conferencia de Potsdam y ultimó las estrategias para poner fin a la guerra. Pero tras la rendición de Alemania, necesitaba acabar la guerra con Japón. Bajo las órdenes de Truman, se lanzaron bombas atómicas sobre Nagasaki e Hiroshima, que condujeron a la rendición de Japón. Fue quizás una de las decisiones más difíciles que tuvo que tomar. No podemos saber si fue acertada o no. Sabemos que murieron miles de personas, pero ¿habrían muerto miles más si la guerra con Japón hubiera continuado? Hoy en día sigue siendo un tema controvertido, y con razón.

Cuando se firmó la Carta de las Naciones Unidas en junio de 1945, Truman estaba allí para presenciarlo. Quizá su mayor y más duradera contribución a la Segunda Guerra Mundial fue el Plan Marshall, del que ya hemos hablado con más detalle. Y, por supuesto, la mayor crisis de Truman tras el final de la Segunda Guerra Mundial fue el comienzo de la Guerra Fría. Truman fue reelegido en 1948, derrotando al republicano Thomas Dewey; las elecciones siguen considerándose una de las mayores sorpresas de la historia de Estados Unidos. Fueron las últimas elecciones antes de que se impusiera la limitación de mandatos a los presidentes.

James Doolittle

La Segunda Guerra Mundial estuvo salpicada de hombres y mujeres extraordinarios que lucharon valientemente por la libertad y la democracia, pero hay algunos que merecen un elogio especial. El general del ejército estadounidense y aviador James Doolittle fue uno de ellos.

James Doolittle colocando una medalla en una bomba. Esta ceremonia tuvo lugar poco antes de los bombardeos de abril sobre Japón
https://commons.wikimedia.org/wiki/File:Doolittle_LtCol_g41191.jpg

Cuando estalló la Primera Guerra Mundial, tenía dieciocho años. Se alistó en el ejército y aprendió a ser aviador e instructor de vuelo. Una vez terminada la guerra, continuó su carrera en el Cuerpo Aéreo del Ejército de Estados Unidos, volviendo al servicio activo durante la Segunda Guerra Mundial.

Varios meses después del ataque a Pearl Harbor, se le encomendó dirigir incursiones aéreas en Japón. Fue un ataque audaz que requirió valor y coraje. La incursión se llevó a cabo durante la noche del 18 de abril de 1942. Dieciséis bombarderos B-25 lanzaron bombas sobre numerosas ciudades japonesas como Yokohama y Tokio. Tras la misión, los aviones no pudieron regresar al USS *Hornet*, que era de donde habían despegado, porque se quedaron sin combustible. Acabaron aterrizando de emergencia en territorios soviéticos y chinos.

Aunque la incursión no causó una destrucción significativa, contribuyó en gran medida a levantar la moral de la población estadounidense. También dejó a Japón lo suficientemente asustado como para desplazar recursos críticos del Pacífico Sur a Japón.

Conclusión

No cabe duda del papel de Estados Unidos en la Segunda Guerra Mundial. El país desempeñó un papel fundamental y contribuyó a inclinar la balanza a favor de los Aliados. Sin embargo, otros países también desempeñaron un papel importante, como Australia, Canadá, India, Malasia y Kenia, entre muchos otros.

Los Aliados trabajaron juntos para asegurar la victoria; esta no se debió a un solo país. Sin embargo, podemos deducir que el apoyo, la diplomacia y los recursos aparentemente infinitos de Estados Unidos, combinados con la cooperación entre los principales actores, contribuyeron a poner fin a la guerra.

Cuarta parte: Momentos clave

En esta última parte del libro, volveremos sobre algunos momentos y batallas clave de la guerra. Pero antes, veamos una cronología básica de la guerra de principio a fin.

- 30 de enero de 1933 - Hitler es nombrado canciller de Alemania.
- 1 de septiembre de 1939 - Hitler invade Polonia. Gran Bretaña y Francia declaran la guerra a Alemania.
- Septiembre de 1939 a mayo de 1940 - Guerra falsa.
- 26 de mayo al 4 de junio de 1940 - Operación Dinamo (Dunkerque).
- 14 de junio de 1940 - Caída de París.
- 22 de junio de 1941 - Operación Barbarroja.
- 10 de julio a 31 de octubre de 1940 - Batalla de Inglaterra.
- 7 de diciembre de 1941 - Japón ataca Pearl Harbor. Al día siguiente, Gran Bretaña y Estados Unidos declaran la guerra a Japón.
- 18 de abril de 1942 - Incursiones de Doolittle sobre Japón.
- Junio de 1942 - Batalla de Midway.
- 23 de octubre de 1942 - Batalla de El Alamein.
- 23 de agosto de 1942 al 2 de febrero de 1943 - Batalla de Stalingrado.
- Julio de 1943 - Los Aliados invaden Sicilia.
- 3 de septiembre de 1943 - Italia se rinde.
- Noviembre de 1943 - Conferencia de Teherán.

- Enero de 1944 - Levantamiento del sitio de Leningrado.
- 6 de junio de 1944 - Día D.
- 25 de agosto de 1944 - Liberación de París.
- 16 de diciembre de 1944 - Batalla de las Ardenas.
- Marzo de 1945 - Los aliados cruzan el Rin.
- Abril de 1945 - Los rusos alcanzan Berlín.
- 28 de abril de 1945 - Mussolini es ejecutado.
- 30 de abril de 1945 - Hitler se suicida.
- 7 de mayo de 1945 - Alemania se rinde.
- 8 de mayo de 1945 - Día de la Victoria.
- 6 al 9 de agosto de 1945 - Lanzamiento de las bombas atómicas sobre Japón.
- 14 de agosto de 1945 - Japón se rinde. Finaliza la Segunda Guerra Mundial.

Capítulo 13: Barbarroja - Causas y consecuencias

En cierto modo, la Operación Barbarroja fue como un guijarro arrojado a aguas tranquilas. Las repercusiones de la campaña fueron de gran alcance y acabaron contribuyendo a la caída de Hitler y a la derrota final de Alemania.

Hitler y Stalin habían firmado un pacto de no agresión en 1939, por lo que Stalin se mantuvo al margen mientras Hitler invadía Polonia, creyéndose a salvo de una invasión alemana. Por lo tanto, fue toda una conmoción cuando Hitler incumplió del pacto y lanzó una invasión de la Unión Soviética, algo que llevaba tiempo planeando.

Aproximadamente tres millones de tropas (150 divisiones) fueron asignadas para invadir la Unión Soviética. La fuerza estaba compuesta por 19 divisiones Panzer, 7.000 artilleros, 3.000 tanques y 2.500 aviones. Sigue siendo la mayor invasión de la historia.

Hitler dividió sus fuerzas en tres grupos, a cada uno de los cuales se le asignó una tarea específica. Al Grupo de Ejércitos Norte se le encomendó la toma de Leningrado. El objetivo del Grupo de Ejércitos Sur era invadir Ucrania, mientras que el objetivo principal del Grupo de Ejércitos Centro era Moscú.

Hitler confiaba en que todo esto se lograría en cuestión de diez semanas. Su invasión comenzó fuerte. De hecho, el primer día, aproximadamente 1.800 aviones soviéticos fueron destruidos.

Aunque la Unión Soviética tenía una enorme fuerza aérea, ninguno de sus aviones era muy eficaz. Fueron incapaces de oponer una resistencia seria a la Luftwaffe, mucho más poderosa. En un mes, los alemanes estaban a menos de 350 kilómetros de Moscú. Los esfuerzos por capturar Moscú continuaron hasta el 2 de diciembre, con las tropas alemanas a tiro de piedra del objeto de su deseo.

Pero el duro invierno paralizó a las tropas alemanas, que estaban mal preparadas para el frío. En enero de 1942, Alemania se vio obligada a admitir que no sería capaz de capturar Moscú.

Aunque la Operación Barbarroja fracasó en última instancia, las tropas alemanas lograron bloquear Leningrado, que permanecería sitiada durante casi novecientos días.

La Operación Barbarroja no fue una sorpresa para nadie que conociera a Hitler. El pacto que había firmado con Stalin era simplemente una forma de darle un respiro. Su objetivo final siempre había incluido una invasión de la Unión Soviética. El sueño de Hitler era expandir Alemania hacia el este y ganar un espacio propio (*Lebensraum*) para el pueblo alemán. Pretendía librar a la Unión Soviética de todo su pueblo judío, deshacerse del comunismo y establecer su propio gobierno nazi. En sus planes más amplios, el objetivo final de Hitler era exterminar también a los pueblos eslavos. Para ello, los nazis asesinaron a millones de prisioneros de guerra soviéticos. La única razón por la que sus grandes planes no se hicieron realidad fue la derrota de los nazis.

Las cosas no salieron exactamente como estaba previsto en la Operación Barbarroja. Los soviéticos acabaron siendo más resistentes y poderosos de lo que Hitler había previsto, y aunque la aviación soviética no era buena, tenían tanques superiores. El clima también jugó a su favor.

El Ejército Rojo sufrió algunas pérdidas importantes y las tropas alemanas ganaron mucho territorio, pero no pudieron aniquilar a las fuerzas soviéticas ni conseguir que se rindieran. El sueño de Hitler de apoderarse de la Unión Soviética fracasó.

Y ahora se había ganado un enemigo. Las consecuencias de la operación serían muy altas.

Enfurecido por la doble traición de Hitler, Stalin se alió con Gran Bretaña y finalmente con Estados Unidos. Juntas, las tres potencias planearon y trazaron estrategias para derrotar a Hitler. Cuando llegó el momento, los soviéticos aplastaron a Alemania.

Como ya se dijo en un capítulo anterior, la guerra no se habría podido ganar sin la Unión Soviética o el Ejército Rojo. Si la Operación Barbarroja nunca se hubiera lanzado, Stalin probablemente se habría unido a las potencias del Eje, ¡y el resultado final de la guerra podría haber sido muy diferente!

Pero Hitler lo hizo, y fracasó. Con Moscú como causa perdida, Hitler ordenó a sus tropas que se adentraran en la Unión Soviética para capturar Stalingrado.

Capítulo 14: Stalingrado - Causas y consecuencias

La batalla de Stalingrado se libró a mitad de la Segunda Guerra Mundial. Tras el fracaso de la Operación Barbarroja, en junio de 1942 se lanzó otra ofensiva para destruir al resto del ejército soviético y tomar el control de Stalingrado.

La ciudad recibió el nombre de Stalin. Era una ciudad importante, ya que el río Volga la atravesaba y se utilizaba como ruta marítima que conectaba distintas partes del país entre sí. Como centro industrial, Stalingrado producía muchos bienes y productos, incluida artillería. En resumen, era una ciudad ideal en una gran ubicación. Y el hecho de que llevara el nombre de Stalin era una ventaja que Hitler tenía toda la intención de explotar en su propaganda.

Hitler ordenó a sus tropas matar a todos los hombres tan pronto como la ciudad fuera capturada y enviar a las mujeres lejos. Stalin ordenó a todos los rusos capaces de hacerlo que se armaran y defendieran Stalingrado.

La batalla comenzó el 23 de agosto de 1942. Al principio, las fuerzas soviéticas lograron contener a los alemanes, pero los incesantes ataques aéreos de la Luftwaffe empezaron a dar sus frutos. En otoño, el río Volga había quedado inutilizado, la Luftwaffe controlaba los cielos, la ciudad había quedado en ruinas y decenas de miles de civiles y soldados habían muerto, habían resultado heridos o habían sido capturados por los alemanes y enviados a campos de concentración.

La situación era cada vez más desesperada, pero Stalin no permitía que sus fuerzas se retiraran o se rindieran. Comenzaron a llegar refuerzos de otras partes del país, y otros generales organizaron fuerzas adicionales para lanzar un contraataque denominado Operación Urano.

Soldados soviéticos corriendo por las trincheras de Stalingrado
https://commons.wikimedia.org/wiki/File:62._armata_a_Stalingrado.jpg

Gracias a una cuidadosa estrategia, las fuerzas soviéticas consiguieron cercar al enemigo. El bloqueo significaba que las tropas atrapadas tenían suministros limitados. Empezaron a pasar hambre y a debilitarse. Las cosas se deterioraron rápidamente a medida que se acercaba el invierno. Mientras tanto, las tropas soviéticas comenzaron a trabajar duro para romper las líneas de las fuerzas del Eje.

Hitler tenía claro que la batalla había fracasado, pero no se rendía. Sus tropas continuaron muriendo de hambre. En febrero de 1943, los soviéticos habían recuperado Stalingrado.

Unos 100.000 soldados alemanes fueron enviados a campos de prisioneros soviéticos. Unos pocos grupos intentaron resistir y continuar la batalla, pero incluso ellos se rindieron en menos de un mes.

La victoria de los soviéticos y la aplastante derrota de los alemanes fue un presagio de cómo acabaría la guerra. Los historiadores a menudo señalan esta batalla como el punto de inflexión de la guerra, ya que Alemania se encontraba finalmente en una espiral descendente.

Capítulo 15: Día de la Victoria

El 8 de mayo de 1945 era un día importante. Era el día por el que los Aliados habían estado trabajando desde la invasión de Polonia. Era el Día de la Victoria en Europa.

Después de seis violentos, sangrientos y terribles años, la guerra había terminado en Europa. Hitler y los nazis habían sido derrotados y los Aliados habían ganado. Sin embargo, la guerra no había terminado oficialmente; Japón aún tenía que ser derrotado. Pero el 8 de mayo de 1945, la gente no pensaba en Japón. Solo querían celebrar su nueva libertad y su gran victoria.

La gente lo celebró en Estados Unidos, Gran Bretaña y sus colonias, y los países europeos anteriormente ocupados.

A principios de 1945 tuvo lugar la Conferencia de Yalta. Los líderes aliados se sentaron para elaborar la estrategia de lo que esperaban fuera la ofensiva final que condujera a la derrota de los nazis.

La batalla de las Ardenas había sido el último esfuerzo de Hitler por recuperar terreno, pero los Aliados lo aplastaron. Mientras tanto, las tropas de Hitler también tuvieron que enfrentarse a las fuerzas soviéticas en el frente oriental. El Ejército Rojo apuntaba a la capital alemana y, en la primavera de 1945, había alcanzado su objetivo. El 16 de abril de 1945, los soviéticos iniciaron la invasión de Berlín.

Las tropas alemanas estaban agotadas y se habían reducido drásticamente. Incluso cuando las tropas soviéticas empezaron a tomar Berlín, Hitler, sentado en su búnker subterráneo, se negó a rendirse, llamando en su lugar a todos los civiles, niños incluidos, a defender la capital. El 20 de abril, día en que Hitler cumplía cincuenta y seis años, subió a entregar medallas.

Ese mismo día comenzaron los bombardeos soviéticos. En pocos días, menos de 100.000 soldados alemanes estaban completamente cercados por 1,5 millones de soldados del Ejército Rojo. Los alemanes sabían que ya no podían hacer nada.

Hitler debió de saber lo mismo porque una semana después, el 30 de abril, se casó con su amante de muchos años Eva Braun y se suicidó. Sus cuerpos fueron sacados del búnker y quemados para evitar más indignidades e insultos. A los nazis quizá les preocupaba que colgaran el cadáver de Hitler como el de Mussolini y lo escupieran o maltrataran. Poco después, los soviéticos aseguraron el Reichstag en ruinas y devastado.

Soldados del Ejército Rojo izan la bandera soviética en Berlín tras su captura
Mil.ru, CC BY 4.0 <https://creativecommons.org/licenses/by/4.0>, vía Wikimedia Commons; https://commons.wikimedia.org/wiki/File:Raising_a_flag_over_the_Reichstag_2.jpg

La rendición oficial de Alemania se produjo el 2 de mayo de 1945; sin embargo, hubo un puñado de tropas que siguieron luchando hasta el 8 de mayo.

En las semanas y meses posteriores, Berlín fue un caos total, con las tropas soviéticas reorganizando la ciudad según sus deseos e imponiendo sus reglas. Algunas tropas soviéticas trataron horriblemente a los civiles, violando a las mujeres e infligiendo otras atrocidades a la población. Otras tropas, sin embargo, distribuyeron alimentos y artículos de primera necesidad a la población.

Mientras tanto, las tropas aliadas se dirigían a Berlín. Las tropas estadounidenses llegaron el 4 de julio de 1945 y las británicas entraron en la ciudad dos días después, el 6 de julio.

Dada la situación, Alemania no tuvo más remedio que rendirse. Fue un momento humillante y desesperante para el pueblo. Después de iniciar la guerra, después de pasar seis años luchando, después de agotar todos sus recursos y perder millones de vidas alemanas, el resultado final fueron las tropas alemanas de rodillas suplicando clemencia a los soviéticos.

Después de la derrota y la humillación de la Primera Guerra Mundial, esta derrota debió de ser totalmente desmoralizadora. A corto plazo, la rendición alemana tuvo graves consecuencias. Como parte del tratado de paz, Alemania fue ocupada por las cuatro fuerzas aliadas. El país que había ido a la guerra con la esperanza de convertirse en una potencia mundial estaba ahora dirigido por potencias extranjeras. Alemania también tuvo que pagar cuantiosas indemnizaciones, lo que paralizó aún más su economía.

Sin embargo, a la larga, fue lo mejor que le pudo pasar a Alemania Occidental. Tras casi cincuenta años de ocupación por Francia, Estados Unidos y el Reino Unido, Alemania Occidental emergió como una nación poderosa y desarrollada. Por desgracia, Alemania Oriental no tuvo tanta suerte. Al caer bajo el dominio soviético, el sufrimiento de Alemania Oriental continuó hasta el final de la Guerra Fría.

Para los Aliados y el mundo en general, la rendición de Alemania fue decisiva para garantizar que prevalecieran la democracia y la libertad. Sin la oportuna intervención de los Aliados, sin el Plan Marshall y sin la derrota de Japón, ¿estaría la mayor parte del mundo disfrutando del tipo de vida que disfrutamos hoy? ¿O se habrían extendido el fascismo y el comunismo por todo el mundo, convirtiéndose en la ideología dominante?

Una cosa es segura: sin la derrota de Alemania, el mundo habría sido muy diferente hoy.

Curiosidades - La muerte de Hitler

Resulta difícil imaginar que pueda existir algo parecido a un hecho divertido cuando se habla de la Segunda Guerra Mundial, pero dada la importancia del tema, puede ser interesante echar un vistazo a algunos hechos y mitos casuales.

Uno de los mitos o teorías conspirativas más comunes es que Hitler no se suicidó. Setenta y siete años después de su muerte, historiadores y teóricos de la conspiración siguen debatiendo acaloradamente si realmente murió. Se han escrito y producido libros, películas y documentales sobre este asunto. Detectives e historiadores aficionados han pasado años buscando pruebas que confirmen esta afirmación.

Se cree que Hitler consiguió escapar de su búnker y dirigirse a Sudamérica (como muchos otros oficiales nazis de alto rango), donde vivió el resto de su vida en un tranquilo retiro. Parte de la confusión se debe a que nadie creíble vio el cadáver de Hitler. También existe cierto debate sobre si murió por una herida de bala autoinfligida o por ingerir veneno. La falta de pruebas físicas, visuales y concretas ha dado lugar a teorías descabelladas.

Por supuesto, no hay forma de saberlo con certeza; sin embargo, no hay razón para no creer que Hitler murió. Se podría pensar que, en algún momento, en algún lugar, alguien lo habría vislumbrado. Por último, dado lo que sabemos de Hitler, ¿era realmente de los que desaparecen en silencio y no buscan el centro de atención durante décadas?

Sea cual sea la verdad, la muerte de Hitler es una de las teorías más persistentes que aún existen y probablemente seguirán existiendo.

Otros datos curiosos

- El Día VE, abreviatura de *Victory in Europe Day* (Día de la Victoria en Europa), se acuñó ya en septiembre de 1944, casi ocho meses antes de la rendición de Alemania, porque los Aliados se sentían seguros de que ganarían la guerra.
- En las películas, la rendición ante el enemigo suele representarse ondeando una bandera blanca. La realidad no es tan sencilla. Finalizar los documentos de rendición llevó más de veinte horas y se hizo días antes de la rendición de Alemania. Cuando la victoria fue segura, el SHAEF (Cuartel General Supremo de la Fuerza Expedicionaria Aliada) envió cables a los líderes mundiales comunicándoles que probablemente Alemania se rendiría pronto, y se empezaron a redactar los documentos. Los comentarios, opiniones y cambios de todas las partes tardaron veinte horas en completarse, y el documento se terminó a las 2:30 de la madrugada del 7 de mayo.
- El 7 de mayo de 1945 se celebró en Reims una ceremonia de rendición en la que el general Alfred Jodl firmó la rendición

incondicional de Alemania. Stalin no estaba contento con esto e hizo un alboroto sobre la redacción del documento y se opuso al lugar donde se firmó. Se negó a aceptar una rendición firmada en Francia e insistió en una segunda ceremonia de rendición. Esto causó confusión en todas las partes, y algunos creyeron que Alemania seguía en guerra con la Unión Soviética. Rápidamente se organizó una segunda ceremonia el 9 de mayo en el Berlín ocupado por los soviéticos. Esto significa que, en Rusia, la celebración del Día de la Victoria es el 9 de mayo, no el 8 de mayo.

- El Día de la Victoria coincidió con el sexagésimo primer cumpleaños del presidente Truman. Cuando Alemania se rindió, hacía menos de un mes que había asumido el cargo. Sería su primer cumpleaños como presidente. ¡Qué gran regalo de cumpleaños!
- Hiroo Onoda era un oficial de inteligencia del Ejército Imperial Japonés que luchó en la Segunda Guerra Mundial. No se enteró de que la guerra había terminado y se escondió en Filipinas con otros tres soldados. Llevaron a cabo actividades de guerrilla meses después del fin de la guerra. En octubre, vieron un panfleto que decía que la guerra había terminado, pero no lo creyeron y se negaron a rendirse. Durante los años siguientes, se hicieron muchos esfuerzos para convencer al grupo de que la guerra había terminado, pero se negaron a creerlo. En 1972, Onoda estaba solo; los demás hombres habían muerto o se habían marchado. Finalmente se rindió en 1974 (¡veintinueve años después del final de la guerra!) cuando su antiguo comandante lo encontró y lo relevó oficialmente del servicio activo. ¡Eso sí que es lealtad!

Capítulo 16: Comparación de dos males

A menudo se comparan la Primera y la Segunda Guerra Mundial. Ambas guerras fueron desencadenadas por Alemania y libradas en su mayoría por los mismos países. Ambas se saldaron con derrotas alemanas. Y ambas fueron guerras extremadamente sangrientas y violentas que tendrían un impacto duradero en el mundo.

Sin embargo, hay muchas diferencias entre ellas. ¿En qué se parecieron? ¿En qué se diferenciaron? ¿Fue una guerra peor que la otra?

La guerra de trincheras frente a la guerra aérea

La Primera Guerra Mundial se asocia estrechamente con la guerra de trincheras, ya que la mayoría de las batallas tuvieron lugar en ellas.

En la guerra de trincheras, la movilidad es mínima y ambos bandos cavan trincheras profundas y zigzagueantes. Durante la Primera Guerra Mundial, los soldados vivían en las trincheras durante semanas, ya que ofrecían cierta protección contra las balas, la artillería, las ametralladoras y el gas venenoso (lo que daba tiempo a los soldados para ponerse las máscaras antigás).

La guerra de trincheras era brutal, y los ataques nocturnos se convirtieron en la norma. Si el ataque inicial provocaba una brecha en las trincheras, el enemigo rodeaba la trinchera para atacar por la retaguardia mientras otros atacaban por el frente, atrapando esencialmente a los soldados en la trinchera.

El hecho de permanecer en las trincheras durante semanas, soportando bombardeos y fuego de artillería, hizo que muchos soldados sufrieran estrés postraumático. Físicamente, eran propensos a enfermar de cólera, fiebre tifoidea y pie de trinchera. Las trincheras no eran higiénicas, por lo que las enfermedades se propagaban rápidamente.

Durante la Segunda Guerra Mundial, el uso de la guerra de trincheras fue mínimo; en su lugar, se produjo un aumento de la guerra aérea. Los aviones se habían utilizado durante la Primera Guerra Mundial, pero se empleaban principalmente para el reconocimiento. Debido a la falta de movilidad, era importante que los aviones volaran detrás de las líneas enemigas para recabar información y trazar mapas. Más adelante en la guerra, los aviones empezaron a utilizarse para eliminar al enemigo y llevar a cabo campañas de bombardeo. Cuando terminó la Primera Guerra Mundial, todo el mundo tenía claro que los aviones eran el futuro de la guerra.

Por desgracia, la siguiente guerra llegó mucho antes de lo previsto. Y cuando empezó la Segunda Guerra Mundial, la guerra aérea despegó de verdad. La superioridad aérea se convertiría en un factor decisivo sobre quién ganaría o perdería.

Los aviones apoyaban a las fuerzas terrestres y a la armada tanto del Eje como de los Aliados. Gran parte del éxito inicial de Hitler se debió a la Luftwaffe. Gran Bretaña se salvó de la ocupación nazi gracias a su potente RAF.

Para los Aliados, la guerra aérea fue un gran apoyo durante las batallas. Cuando los estadounidenses se unieron a la guerra, su tecnología y sus aviones eran muy superiores a los de los demás. Sus aviones desempeñaron un papel clave en el desembarco de Normandía y acabaron ayudando a los Aliados a ganar la guerra.

Ametralladoras, gas y combate cuerpo a cuerpo frente a la artillería y la tecnología moderna

Algunas de las imágenes más perdurables de la Primera Guerra Mundial son las de soldados caminando por las trincheras con máscaras antigás que los hacen parecer extraterrestres. La Primera Guerra Mundial vio la llegada de nuevas armas, como la artillería de tiro rápido, o el desarrollo de armas antiguas que las hicieron más mortíferas, como ametralladoras, granadas, rifles y morteros.

Armados con este montón de armas, la guerra en las trincheras se libraba con saña con un único objetivo en mente: matar al enemigo. Una vez que el enemigo conseguía entrar en las trincheras de su rival, el combate se volvía físico, y los soldados luchaban entre sí con cualquier cosa que tuvieran a mano, incluidas palas, cuchillos y garrotes.

Y luego, para complicar aún más las cosas, los alemanes introdujeron el uso de gas venenoso. El gas se transportaba en botes metálicos y se lanzaba flotando hacia el enemigo. Los gases utilizados al principio de la guerra no causaban mucho daño, pero en 1917 los alemanes ya utilizaban el gas mostaza. El gas mostaza ataca la piel y provoca ceguera. Es letal, y las máscaras antigás ofrecían muy poca protección contra él. Lamentablemente, las víctimas que sobrevivieron sufrieron los efectos del gas durante el resto de sus vidas.

Durante la Segunda Guerra Mundial, los nazis desarrollaron accidentalmente un gas llamado sarín. Tenían suficiente para matar a millones de personas, y altos cargos nazis querían que Hitler diera el visto bueno para liberar el gas. Pero, por alguna razón, Hitler no quiso hacerlo. Nunca sabremos por qué, pero muchos historiadores creen que no quiso hacerlo porque él mismo había sido víctima de un ataque con gas mostaza durante la Primera Guerra Mundial.

En lugar de gas, la Segunda Guerra Mundial se combatió con unidades de artillería y tecnología moderna. La principal arma de infantería era el M1 Garand, un fusil semiautomático fácil de usar, ligero de transportar y muy letal. También se utilizaron ametralladoras, granadas, lanzallamas y subfusiles.

Al igual que en la Primera Guerra Mundial, también se utilizaron tanques. Sin embargo, la Segunda Guerra Mundial introdujo nuevas tecnologías, como los sistemas de radar, los ordenadores, la penicilina y la bomba atómica. La bomba atómica provocó la rendición de Japón y puso fin a la guerra.

Número de bajas

Ambas guerras causaron un gran número de víctimas, pero el número de muertos en la Segunda Guerra Mundial fue significativamente mayor.

Durante la Primera Guerra Mundial, se calcula que 46 millones de personas se vieron directamente afectadas por la guerra.

- Murieron 10 millones de soldados.
- Murieron 7 millones de civiles.

- 21 millones de personas resultaron heridas o lesionadas.
- 8 millones de personas desaparecieron o fueron encarceladas.

Por el contrario, el número estimado de muertos en la Segunda Guerra Mundial oscila entre 50 y 80 millones de personas.

- Murieron 20 millones de soldados.
- Entre 38 y 45 millones de civiles murieron (por heridas, bombardeos masivos u otras enfermedades relacionadas con la guerra).
- 11 millones de muertos como resultado de los programas de exterminio nazis.
- 3,6 millones de muertos en el Gulag soviético.

Estas son solo estimaciones; las cifras reales nunca se conocerán.

La Segunda Guerra Mundial aniquiló a más del 3% de la población mundial. Es el conflicto militar más mortífero de la historia (probablemente de toda la historia) y supera con creces el número de muertos de la Primera Guerra Mundial.

Conclusión

Se dice que debemos aprender del pasado, que debemos aprender de la historia.

¿Qué nos enseñó la Segunda Guerra Mundial? Durante la guerra se perdieron y destruyeron millones de vidas. Millones más se convirtieron en refugiados desplazados, perdiendo sus hogares y sus identidades. Países y ciudades quedaron arrasados, convertidos en ruinas.

Cuando observamos el mundo en el que vivimos hoy y reflexionamos sobre los acontecimientos y las tragedias de esta guerra que ocurrió hace menos de un siglo, ¿valió la pena? ¿O fue todo en vano? ¿Qué ganó el mundo?

Quizá no haya una respuesta única a esta pregunta, porque lo que el mundo ganó depende del punto de vista de cada uno y, probablemente, del lugar del mundo en el que uno viva.

Independientemente de lo que uno piense personalmente, el precio de la guerra fue alto. Los sacrificios fueron enormes. El genocidio que se perpetró es una mancha negra en la historia y, por desgracia, los sentimientos que propiciaron el ascenso de Hitler se siguen pregonando hoy en día.

Solo por las cifras, la Segunda Guerra Mundial es sin duda la guerra más sangrienta de la historia. Reformó el mundo y cambió la antigua forma de hacer las cosas, inaugurando una nueva era de política exterior, relaciones diplomáticas y el surgimiento de las democracias capitalistas.

Antes de la Segunda Guerra Mundial, muchos países, como Estados Unidos, practicaban el aislacionismo. La guerra cambió el panorama mundial, haciendo imposible el aislacionismo. Los países tuvieron que trabajar juntos y mantener lazos como nunca antes habían tenido que hacerlo. Muchos de estos lazos siguen existiendo hoy en día a través de organizaciones mundiales o regionales como la OTAN.

Sin duda, la Segunda Guerra Mundial cambió la faz del mundo. Es difícil imaginar qué habría ocurrido si Hitler hubiera triunfado. Afortunadamente, nunca lo sabremos, pero es importante recordar lo que ocurrió durante esta guerra. A menudo se dice que la historia se repite, pero este es un acontecimiento que nunca debería repetirse.

Vea más libros escritos por Enthralling History

Fuentes

Burkham, Thomas W. "League of Nations and Japan".
Encyclopedia 1914-1918. 10 de junio de 2021. https://encyclopedia.1914-1918-online.net/article/league_of_nations_and_japan#:~:text=The%20Assembly%2C%20by%20a%20vote,from%20the%20League%20of%20Nations.

Swift, John. "Mukden Incident".
Britannica. https://www.britannica.com/event/Mukden-Incident

"Leaders and Controversies".
The National Archives. https://www.nationalarchives.gov.uk/education/leaders-and-controversies/g3/cs1/#:~:text=A%20year%20earlier%20Mussolini%20had,Mussolini%20demanded%20an%20apology.

A&E Television Networks. "German General Erwin Rommel Arrives in Africa".
History. 10 de febrero de 2020. https://www.history.com/this-day-in-history/rommel-in-africa

National Army Museum. "Second World War - Battle of El-Alamein".
NAM. https://www.nam.ac.uk/explore/battle-alamein

Jeff Wallenfeldt. "Atlantic Charter".
Britannica. 7 de agosto de 2022. https://www.britannica.com/event/Atlantic-Charter

Office of the Historian. "The Atlantic Conference and Charter, 1941".
https://history.state.gov/milestones/1937-1945/atlantic-conf

Jennifer Llewellyn, Jim Southey, Steve Thompson. "Hitler and Mussolini".
Alpha History. 26 de agosto de 2015.

https://alphahistory.com/nazigermany/hitler-and-mussolini/

Tharoor, Ishaan. "Don't forget how the Soviet Union saved the world from Hitler".

Washington Post. 8 de mayo de 2015. https://www.washingtonpost.com/news/worldviews/wp/2015/05/08/dont-forget-how-the-soviet-union-saved-the-world-from-hitler/

History Stories. "How D-Day Changed the Course of WWII".

https://www.history.com/news/d-day-important-world-war-ii-victory

Italy Since 1945. "The First Decades after World War II".

Britannica. https://www.britannica.com/place/Italy/Italy-since-1945

Occupation and Reconstruction of Japan, 1945–52. https://history.state.gov/milestones/1945-1952/japan-reconstruction#:~:text=After%20the%20defeat%20of%20Japan,%2C%20economic%2C%20and%20social%20reforms

Wikipedia. "German Casualties in World War II".

https://en.wikipedia.org/wiki/German_casualties_in_World_War_II

BBC. "How Britain lost an empire – war and government".

BBC Bitesize. https://www.bbc.co.uk/bitesize/guides/zyh9ycw/revision/4#:~:text=World%20War%20Two%20had%20been,the%20rebuilding%20of%20the%20country.

Kids Britannica. "British Decolonization in Africa".

https://kids.britannica.com/students/article/British-Decolonization-in-Africa/310389

Goodwin, Doris. "The Way We Won: America's Economic Breakthrough during World War II".

The American Prospect. 19 de diciembre de 2001. https://prospect.org/health/way-won-america-s-economic-breakthrough-world-war-ii/

The Man Behind Hitler. "World War II Propaganda".

PBS. https://www.pbs.org/wgbh/americanexperience/features/goebbels-propaganda/

D Day – Eyewitness Accounts of WWII.

https://www.normandy1944.info/home/battles

Holzwarth, Larry. "A Day in the Life of an Infantry-Man in World War II".

American History. 14 de julio de 2018. https://historycollection.com/a-day-in-the-life-of-an-infantry-man-in-world-war-ii/10/

Whitman, John. "Japan's Fatally Flawed Air Forces in World War II".

HistoryNet. 28 de julio de 2006. https://www.historynet.com/japans-fatally-flawed-air-forces-in-world-war-ii-2/

Imperial War Museum. "RAF Bomber Command during the Second World War".

https://www.iwm.org.uk/history/raf-bomber-command-during-the-second-world-war#:~:text=The%20Royal%20Air%20Force's%20(RAF,strategy%20for%20winning%20the%20war.

The History Place. "The Rise of Adolf Hitler".

https://www.historyplace.com/worldwar2/riseofhitler/warone.htm

United States Holocaust Memorial Museum. "Prisoner bunk bed from Auschwitz concentration camp".

https://collections.ushmm.org/search/catalog/irn94891

Auschwitz-Birkenau. https://www.auschwitz.org/en/history/life-in-the-camp/

Holocaust Encyclopedia. "At the Killing Centers".

https://encyclopedia.ushmm.org/content/en/article/at-the-killing-centers

A&E Television Networks. "Gulag".

Campaign for Nuclear Disarmament. "Hiroshima and Nagasaki".

https://cnduk.org/resources/hiroshima-and-nagasaki/#:~:text=Almost%2063%25%20of%20the%20buildings,of%20a%20population%20of%20350%2C000.

World War II. "Timeline of World War II".

https://wwiifoundation.org/timeline-of-wwii/

The National WWII Museum. "Worldwide Deaths in World War II".

https://www.nationalww2museum.org/students-teachers/student-resources/research-starters/research-starters-worldwide-deaths-world-war

Canadian War Museum. "Canada and the First World War".

https://www.warmuseum.ca/firstworldwar/history/battles-and-fighting/weapons-on-land/poison-gas/

The National WWII Museum. "The Cost of Victory".

https://www.nationalww2museum.org/war/articles/cost-victory

Wikipedia. "World War II".

https://en.wikipedia.org/wiki/World_War_II

www.ingramcontent.com/pod-product-compliance
Lightning Source LLC
Chambersburg PA
CBHW070328010526
44107CB00004B/457